汉语
“角色语言”
研究

中国語の役割語研究

〔日〕河崎深雪　著

商务印书馆
创于1897 The Commercial Press
2017年·北京

图书在版编目(CIP)数据

汉语"角色语言"研究 /(日)河崎深雪著．—北京：
商务印书馆，2017
ISBN 978-7-100-13032-5

Ⅰ．①汉… Ⅱ．①河… Ⅲ．①汉语—研究 Ⅳ．
①H1

中国版本图书馆 CIP 数据核字(2017)第 048475 号

汉语"角色语言"研究

〔日〕河崎深雪 著

商 务 印 书 馆 出 版
(北京王府井大街 36 号 邮政编码 100710)
商 务 印 书 馆 发 行
北京市艺辉印刷有限公司印刷
ISBN 978-7-100-13032-5

2017 年 6 月第 1 版　　开本 880×1230 1/32
2017 年 6 月北京第 1 次印刷　　印张 6 1/4

定价：25.00 元

序

河崎深雪先生的这本著作是在她博士学位论文（2013年）的基础上修改完成的。

河崎先生之所以与我有这么一层师生的关系，实属偶然和巧缘。模糊地记得那好像是近十年前的事（2007年），那是一个初夏的五月，我在外地参加某高校学位论文的答辩，中间接到一陌生的电话，通话中，她说是我校聘请的外籍专家，在学校讲授日语，并谈及想在我们中文系攻读博士学位，出于礼节和责任（当时我负责系里的行政工作），我答应回校后可以就读博的事进行协商。此后好长时间，我们并没有联系。但到了当年九月开学的时候，河崎先生找到了中文系研究生科，希望到语言学及应用语言学专业攻读博士学位，并选我为导师。后来我才知道，实际上，河崎先生已与校国际教育学院和研究生院联系多时，协商谈妥了读博的相关事宜，只是导师被排斥在招生过程之外，这大概是目前中国高校博士招生的特点吧，特别是留学生，导师好像没有什么话语权，这对学生、对导师都不是特别公道。但话又说回来，一个学校的一个专业有时就只有那么一两个导师，根本就没有挑选的余地和空间。好在，河崎先生能够理解这种招生模式。后来的合作中，我们还是非常愉快的，尽管修读的时间长了点，选题的难度大了点，但总算在差不多六年多的时间里，河崎完成了论文，顺利通过了答辩，并得到答辩和评阅专家的一致好评。

河崎是那种善于思考、并很有主见的外籍博士研究生。博士学位论文的选题，首先由她自己提出，后经过多轮的磋商讨论，才得以确定下来。要知道，直接贯以汉语“角色语言”名目来进行研究，学术界本来就不多见。至于作为博士学位论文的选题，就更是几乎没有。在中国，这种内容在修辞学和文艺学等学科领域（人物形象分析），虽有所涉及，但讨论并不深入，也不够“专业”，在国外，则情况不太一样，涉及者则多一些，特别是在日本，这方面的研究就相对较多，也专门一些。河崎的著作，就是在借用日本的“役割语”（Yakuwarigo, role language 角色语言）理论的基础上，结合中国的社会语言学方法，对汉语“角色语言”中的重要内容进行了个性化的分析和讨论，具有拓荒的性质。

作为河崎著作的较早读者，读后觉得这本著作有以下突出的特点：

一是视角新颖。论著在日本“役割语”理论指导下，探讨作品里特定话语表达与特定人物之间的关联性，即通过话语表达里的特定词语、语法、表达方式、语调等来推究这些话语表达背后的人物形象——包括体现人物形象的年龄、性别、职业、阶层、时代、外貌、性格，等等；反之，也探讨通过视觉所获取的人物形象来联想推知这些形象背后的有声的话语表达。说得通俗一点，就是通过听觉所获取的特定的有声语言，来推知推定由视觉才能捕获的人物形象特征；或通过视觉捕获的人物形象来联想听觉才能感知得到的话语形式。该论著就是要挖掘这听觉、视觉形象之间的联系性。

二是内容丰富。论著在总体“角色语言”框架里，既深入讨论了影视等文艺作品中的“角色语言”，包括中国传统角色语言、方言与角色、体态语与角色、命名与角色等核心内容，也旁及讨论了影视等文艺作品之外的诸如网络媒体里的角色语言、小学语文课本里的角色语言等相关话题。论著涉及内容广泛，语例语料鲜活，观察细致入微。

论著还有很多其他的优点，此不一一，读者自可在阅读过程中去感知，去领悟。著作的语言，作为一个汉语为第二语言习得的作者，已经非常优秀，但从汉语表达的本身看，从更高的要求看，著作在汉语的锤炼方面，还有提升的余地；从“角色语言”选题看，无论是深度，还是广度，也还有进一步拓展的空间。

这是河崎深雪先生的第一部汉语学术著作，我相信这只是开始，她会在汉语研究的领域里，继续耕耘，写出更加优秀的著作来。

是为序。

程邦雄

丙申岁尾于喻家山南麓寓所

目 录

第一章　引言

1.1　什么叫“角色语言”

2003年，日本大阪大学研究院教授金水敏首次提出了日语“役割语”（Yakuwarigo，role language 角色语言）这个概念，在日本语言学界引起一阵轰动。这个观点为日语研究带来了新的观点和思路，不仅是对日语研究和日语史研究，也为外语研究、音韵学、社会语言学等其他的学科研究提供了参考，取得了丰厚的研究成果。

什么叫“角色语言”？在汉语里，人们一听“奴才该死”，就会立即联想到“太监”等皇帝的侍候者。如果听到有人说，“没有辣椒我就吃不下饭”，就会联想他（她）很可能是四川人。人们提起毛主席，老一辈的中国人会马上联想起他那浓厚的湖南韶山口音。像这种一说起某种词语或表达方式，会立即联想起其身份、地位的语言，就是“角色语言”。在汉语里，官腔、娘娘腔、学生腔是汉语传统的“角色语言”。

金水敏（2003：205）把角色语言定义为：

> 日语当中存在着某些表达方式（包括词语、语法、表达方式、语调等），人们一听到这种话语，马上就能联想起某种特定人物的年龄、性别、职业、阶层、时代、外貌、性格等；或者提到某种特定的人物的时候，人们也能够马上联想起他／她应该会说的语言，这种表达方式被称为“役割语”。

“役割语”还有其他方面的特点，就是虚拟性。通过调查表明，日语中的这种“役割语”不一定是自然存在的语言，而是在文学创作中，创作人为了描写特定的类型人物而创造出的一种表达方式。这种表达方式，通过教育、媒体、戏剧、电视剧等反复使用而固定化，尔后人们继承了这种虚拟现实的日语。

人们利用角色语言创作出来新的作品，人们也在现实生活上利用角色语言来表达感情、交流思想。随着因特网的普及，人们越来越多地利用角色语言来扮演自己的角色，在网络社会上进行“印象管理”，妙言妙语，调侃生活，发泄情绪。

1.2 研究意义

日语的角色语言很丰富多彩。汉语到底有没有角色语言呢?

20 世纪 90 年代，上海外国语大学王德春先生等也提出了中国的“角色语言”理论，这一理论与日本的“角色语言”不同。两个理论的不同之处是，王德春先生是从应用社会心理学的角度来观察其语言交际的规范修辞行为，以及现实交际的成功与否。后来也有研究者，在语言分析方面著有数篇论文，例如王均裕（1995），也有从“话语角色”（discourse role）的角度来进行戏剧角色研究的，如崔勇、贺爱军（2006）。研究塑造人物的语言，这一点是一样的，但中国学者们注重于人物和语言的规范化问题，例如领导干部应该怎么说等的观点来研究，所以研究有点走到死胡同，展开不了。

金水敏先生提出来的“角色语言”，可以说是人们心目当中的刻板印象语言。日语角色语言研究更活跃的原因是，不谈规范，研究其实际情况、形态、语法功能，追溯其来源，在语言学、外语教学等方面进行多维研究。

本书的研究意义如下：

第一，描写汉语角色语言，揭开汉语角色语言的实际情况。

第二，汉语语法学是在模仿西方语法体系，并在吸收西方语言学理论的基础上建立起来的语法学（申小龙 2003），研究汉语的主导理论是从欧美语言学中引进来的。介绍新概念与具体的应用日语研究概念来研究汉语，对汉语研究可以提供新的思路。

第三，汉语"角色语言"研究对跨文化交流有一定的帮助。

第四，可以应用到对外汉语教学。外国人如果要熟练掌握汉语，应该了解汉语的"角色语言"，才能在与中国人的语言交际中更顺利。因为角色语言是一种与自己的性别、年龄、身份等相关的语言。"外国人应该以怎样的语言为目标学汉语才对呢？"掌握角色语言，或许能对解开这个问题有一定帮助。例如：有一位 28 岁的日本留学生，听到中国年轻人说了一句话"嗯，好好玩"，他觉得那句话很地道，于是就模仿着说"嗯，好好玩"。那么，这位斯文的、商务人士用"好好玩"是否适合他的角色呢？

第五，可以应用到外文翻译（比如中日翻译）。现在，语言翻译除了商务外语翻译，文学作品翻译以外，还有电影、电视剧、动漫作品翻译。揭开汉语角色语言，有利于对每个角色选择更合适的翻译语言。

第六，随着经济发展和全球化的进展，外国企业进入到中国，在中国进行经济活动。在这种情况下，外国企业了解汉语命名行为里的"角色语言"，有利于他们的商务活动。

第七，由于网络的兴起，在一些新兴媒体的引导下，产生了新的语言现象。了解网络里的人们利用什么样的角色语言，我们可以把握语言发展的趋势。

第八，研究汉语的“角色语言”，为国家制定语言政策提供参考和借鉴。

第九，“角色语言”的研究能为语言学提供新的理论。

1.3 研究的范围

本书属于开放式研究，只要是与汉语角色语言相关的语言和非语言现象都在本书的研究范围内。角色语言的材料来源除了课本，还有小说、专著等文学作品。但这里，有关课本方面笔者只讨论了小学语言课本里面的语言知识。另外广告语言也是社会语言学研究应用的目的之一（徐大明 1997），但本书研究的“语料”不包括作为“角色语言”产生和反复使用的诗歌、小说等文学作品和广告语言。

总的来说，关于汉语角色语言可以探讨的问题还很多。希望能抛砖引玉，引起中国学者“运用日语研究概念”分析汉语的兴趣，产生新的发现。

1.4 语料来源和研究方法

在研究材料的选取上，我们并不限定于语料库里的语言现象，汉语角色语言涉及中国人的生活、教育等方方面面，来自于影视、网络等新兴媒体中的“语料”也在本书的考察范围内。

用于本书研究的主要语料来源于：

（1）电视剧、电视访谈节目中的人物对话；

（2）北京大学语言学研究中心语料库（简称“北大 CCL”语料库）；

（3）各种网络语料，包括百度搜索、微博、聊天室等；

（4）人民教育出版社出版的小学语文课本；
（5）现实生活中的语言；
（6）引用他人论著中的实例。

研究方法：

（1）观察；
（2）问卷调查；
（3）田野调查、访谈；
（4）比较；
（5）归纳法。

第二章 日本角色语言研究概况和汉语角色语言研究概况

2003年，日本大阪大学研究院金水敏教授首次提出了日语“役割语”（Yakuwarigo、role language 角色语言）的概念，激起了各个语言学科对角色语言的研究高潮，并出版了数本著作。据金水敏教授介绍，现在日本大学国语学毕业论文里，有很多论文都是应用这个概念来研究日语。金水敏教授指出，在现实社会或者历史的某个地点、某个时间被使用的语言，通过小说、动漫、电视剧等媒体和教育形成共识，从而最终形成“角色语言”，这是母语者的语言财产。作家利用这些语言财产来从事创作，普通的个人也利用这些语言财产表达自己，传达自己的思想。要是汉语研究者能把这个概念应用到汉语研究，汉语研究一定会更丰富。

2.1 日语研究方面

2.1.1 语音学研究方面

语音学研究的学者勅使河原三保子在《讨论角色语言的声音侧面——从 voice quality 方面来看声音和其刻板印象》里指出：我们第一次跟陌生人打电话的时候，刚一听对方的声音就会不自主地想象对方的年龄、性别、外貌、感情等。但实际见到他时，可能和想象的不完全一样。这是因为我们在接打电话的时候，我们是通过对方的声音来单方面做出判断的。

在美国，Dobrow & Gidney（1998）、Lippi-Green（1997）指出，动漫里的好人说北美标准腔调，坏人说俄罗斯、德国等外国腔或者非标准腔调。这跟金水敏 2003 年发表的研究成果“英雄总是说标准语”的结论相符合。

勅使河原做了以下假设：一是当坏人角色表示不愉快的感情时，喉头幅宽变小，声道紧张，喉头上升；二是好人角色的声音总是富有亲切感，所以比较如出一辙，而坏人角色的声音则多种多样。

她以日本 20 世纪 60 年代到 90 年代的代表性动漫影片里面的好人角色（44 人）和坏人角色（42 人）为样本，用“受听”的办法做了分析。调查结果显示，表现好人角色的言语行为有两种，坏人角色有四种，其中两种竟然是跟好人角色持相同的言语行为。好人角色的声音特点：其一是喉头幅宽没有变小、出长气，其二是喉头幅宽有若干变小、不出长气。坏人角色的声音特点：其一是喉头幅宽极端变小，其二是喉头的极端扩张，两个类型都有下巴伸出和嘴唇紧张。第一类有喉头上升和声带振动，也有些带倍音的双音现象。

由此看来，日本动漫片里的好人角色用标准 voice quality，坏人角色用非标准 voice quality，这是跟北美研究的结果近乎一致。

可以说，虽然语言和文化有差异性，但结果具有普遍性，当然其中也有一些因语言文化不同而产生的特殊性。

2.1.2　对比研究方面

（1）英日方面：角色语言的个别性和普遍性——日英对比（山口治彦）

通过《哈利波特》英文版和日文版的对照，山口治彦首先发现，日本版的角色语言丰富多彩，而英文版只有“my dear Prof.X（尊敬的博士先生）”这种称呼词。但他同时也指出，英文里也有四种“角色语言”。例如，《哈利波特》里面的海格（Hagrid）说的是美国西部方言：‘Las’time I saw you，you was only a baby，’said the giant.‘Yeh look a lot like yer dad，but yeh’ve got yer mum’s eyes.’

小说里的方言是读者容易阅读的“视觉性的方言（eye dialect）”，而非标准拼写。比如上例中“yeh（you）”和脱落语尾子音的“Las’time”。

美国电影、电视剧里面也表现了“虚拟的中国人语言”。例如：Chan：When proper person is encountered，pearls will be deliverd./ Thank you so much. Blind man feels ahead with cane before proceeding.〈S.I.Miller，Charlie Chan’s Courage〉

它的特点，其一是使用了“简略英语”，把冠词省略，有时候 be 动词也省略。山口治彦特意把这种方式叫“减法式”。其二是呈现书面风格语言，特别是“Blind man feels ahead with cane before proceeding.”这句话，很像是在美国中餐厅用完餐，用于饭后送人的 fortune cookies 里面的神签语言，令人感到很像中国谚语。最后经过研究发现，美国电影用的是一种被称为“皮钦英语”的英语来塑造中国人。华纳兄弟娱乐公司制作的动漫小鸟“Tweety”，她的语言像幼儿语言：I tought I taw a puttytat. I did. I did taw a puttytat.（译：我看了猫咪，我看了猫咪。）这样她的发音 th 和 s 变成 /t/，听起来好像是 tweet 鸟鸣，又像是小朋友的嗲声。

山口治彦总结了日语的“角色语言”的特点是一种“加法式的变体”，而英语是减法式，所以变体不会多。

（2）韩日方面：角色语言对比研究——探讨对比研究的可能性

（郑惠先）

韩日角色语言对比研究，有研究人物和角色语言、方言和角色语言、翻译和角色语言、外语习得和角色语言等不同视角。方法上，有作品分析、语言意识调查、认定测验、话语分析等数种。研究对象上，有韩日对译、两种语言说话者、两种语言学习者、实际会话等资料等。郑惠先首先观察了11部漫画共22本（其中，日语漫画作品6部，韩语漫画作品5部），主要关注了性别、年龄的区别和方言使用这3个方面。

第一，“性别”的句末形式；日语漫画中，当表现大家闺秀的角色时，文末一般用“の no”“かしら kashira”这样的表达方式，但韩语里没有。先行研究指出：1）韩语里女性用“浓音”比较多；2）女性较多用缩略形式等。韩语性别语言差异不大明显。活泼少年角色用韩语敬语系统等级6（李翊燮2004），也就是敬语程度最低的表现。当为了表现中年男性的角色时，韩语用敬语等级4的表现方式。从这里可以看出，韩语的角色语言能够呈现年龄的差异，但性别差异不太明显，日语比较着重于性别语言，而韩语强调年龄的差异。

第二，方言句末形式；日语漫画*Monster*里的“老鼠人”用日语关西方言，而韩语翻译版有的时候用全罗方言来翻译，呈现出“老鼠人”这种奇怪角色的语言。

第三，语言意识调查；如果金水敏提出的“角色语言”是母语者所具有的语言知识，那么韩国人学习日语的时候是如何学习日语“角色语言”的知识呢？

先让受调查者观看从A到J的10个漫画人物，然后从17项形容词语中选出符合每个漫画形象合适的词语。调查显示，给JJ（日语母语者），KJ（学日语的韩国人），KK（没有学过日语的韩国人）观察的动漫形象没有大的差异，形象很相似。日语母语者 JJ 的答对率是 77.2%，通过日语能力考试最高等的韩国人 KJ 的答对率是 46.5%。从这里可以看出，尽管人物形象很相似，但两种语言在“角色语言”上的理解度和意识度有差异，就是说日本人对日语角色语言了解度很高，但韩国人不太介意韩语的角色语言。她另外进行了方言和方言之间联系的调查。在翻译成韩语的日本小说作品中，日本中部方言被翻译成韩国忠清方言，而韩国庆尚方言则被翻译成了日本关西方言。她做的另外一个调查发现，日本人对日语关西方言与韩国人对韩国全罗方言，日本人对日语东北方言与韩国人对韩语北部咸镜方言和平安方言的方言感受很相似，翻译的时候可以互相利用方言之间形象的相似性。

2.1.3 翻译研究方面

（1）《小说里的美国方言的日语译文》（托马斯·马丁·高巴茨，Thomas Martin Gaubatz）：高巴茨研究文学作品马克·吐温的 *The Adventures of Huckleberry Finn*（《哈克贝利·费恩历险记》），首先讨论了吐温在原文里用的美国方言有什么象征性的功能。吐温在他的这部作品里用了美国南方密西西比河周边的各个方言，作者在《序》里指出，他用方言是因为他想要把方言和地理关系联系起来描写小说。那么翻译成日文的时候，各个方言应该翻译成日本哪个地方的方言呢?

高巴茨对三种日文版译文进行了研究。对比三种翻译发现，第一种有书面语的味道，第二种利用了日本东北方言等方言和口语形式，比如使用了自称词“俺（おれ）”，这达到了向读者解释“我描写的是位乡下人”的效果。第三种没有使用方言，而是使用了很标准但很粗糙的语言。

龙（Long）& 朝日（1999）的先行研究表明，在美国电影《飘》的日语版里，黑人英语用日本东北话配音，*Back to the Future*（《回到未来》）里，美国南部方言也是用日本东北方言配音。龙指出美国南部方言有文化水平低、乡下人的印象，日本东北方言也是如此，两者有共同性。

接下来高巴茨为了详细分析原文和译文的关系，进行了问卷调查。他以使用了多种方言的第一种为范本进行调查。他选出四个角色的台词给调查对象看。结果每个角色使用的方言不一样。除了东北话以外还有用西日本方言配音的。

从而高巴茨指出，龙等的模式不一定很正确。如果在这里应用金水敏 2003 年提出的“角色语言”这个概念，很容易理解。翻译家把小说翻译成日文的时候，下了功夫，但他不是用真正的地方方言，而是考虑到每个角色的语言特征和性格等使用加工的方言。这就是“角色语言”。

（2）作为“西洋话”，“Oh，Romeo!（哎，罗密欧！）”这个句型的成立和普及，被人们认为是颇具西洋语言特色的表达方式（依田惠美）。

按照金水敏提出的“角色语言”概念，这个句式被称为“西洋话”。人们一听到这个句式就会联想起一头卷发、穿着窄腰身的豪华女礼服的西洋女性，或者佩带洋刀、披着斗篷的西洋男性。在日本少女小说或漫画里，常常会出现一名女孩子叫喊着“Oh+ 人名”这样的场景。这样的场景一般是出现在跟西洋人谈恋爱，或者漫画里的出场人物都是西洋人的时候。作者通过“Oh+ 人名”或“Ah+ 人名”的呼唤形式来描写西洋人，而一般日本人不会如此。

这种形式最早可以追溯到明治时代。当时，引进到日本的《罗密欧和朱丽叶》等翻译剧中存在着这样的句式。

原本“O，Romeo，O，Romeo”有几个版本，有人翻译成“おお Oh”，有人翻译成“ああ Ah”。“おお Oh”式可以说是“保持了西洋语言式”，“ああ Ah”式可以说转变成了日语式。直到现在，日本也还在用这种西洋句式，比如说宝塚歌舞团演的音乐剧以及她们原创的戏剧。这里面蕴藏着对华丽的西洋文化的崇拜。经过时间的推移，这样的“Oh+人名”形式，最终作为外来的“西洋语”被吸入到日语中。

依田特别指出，动漫里的中国人角色也使用“哎呀あいやー”这样的句式。由于日本人不大表现喜怒哀乐，所以一旦在跨文化交际中，听到有外国人发出这样的感叹词，日本人多会受到来自异文化的语言冲击，并留下深刻印象，从而使其广泛传播。

2.1.4 日本漫画研究方面

（1）《近代日本漫画的语言》（金水敏），这篇论文中，金水敏指出，日本漫画对世界的影响很大。漫画体现了一般日本老百姓的言语观念或者世界观等。

金水敏关注了从 1964 年到 1986 年在几种杂志上连载、深受人们喜爱的漫画作品《サイボーグ 009》（《赛伯人 009》，石之森章太郎）。该部漫画的基本情节是，为了消灭坏蛋军团，吉尔摩（Gilmore）博士创造了 9 个赛伯人，每个人都有特殊功能，他们和博士一起，团结斗争。博士和这些赛伯人分别来自 10 个国家，他们的角色和语言都各有特征。吉尔摩（Gilmore）博士是哈佛大学的科学家，001 是俄罗斯天才婴儿，002 是纽约流氓少年，003 是法国芭蕾舞女孩，004 是柏林反政府主义者，005 是美国土著印第安牛仔，006 是中国厨师，007 是英国莎士比亚剧演员，008 是原非洲奴隶、野生动物监视员，009 是日本混血赛车选手。博士所使用的语言为所谓的日语“博士语言”（有知识的中老年人所使用的语言），001 用“心灵感应”与其他团员交流，002、004、007 用的是男性用语，非洲人 008 时不时用方言，009 是主人公，说很标准的日语。唯一的女性 003 说很典型的女性用语。日语的女性语有五个特点：1）回避武断；2）不命令；3）谦虚；4）用美化语和礼貌语；5）用间接依赖形式。

值得一提的是，006——中国厨师说的是皮钦日语，日本人一听到这种皮钦日语就想起来中国人。这特点是“おそろしい世の中にならはったアルなぁ（多么可怕的时代咯）”。（笔者注：这种虚拟中国人日语叫“アルョことば”）这种语言是二战前，在当时日本的国际海港横滨，以中国内陆和海南岛等地中国人所说的皮钦日语为基础创造的。

图 1　石之森章太郎创作的《赛伯人 009》中的人物形象

（2）近代日本漫画描写的“身体”（吉村和真）

日本爱好动漫的人很多，漫画书籍年平均发行量高达200—300万份。吉村和真指出，在日本漫画读者逐渐形成了“看漫画的共同体”。

在《近代日本漫画的语言》中，他探讨了《赛伯人009》里面的出场人物的身体特征分别是：001：二头身（头身是身高与头部的比例，一般真实人类的成人头身比例大致在六至八头身之间）、茶色头发、衔着奶嘴，昵称“电子头脑”；002：六头身、长鼻子、茶色头发、帅哥型头发，昵称“Jet”；003：六头身、茶色头发、大眼睛、美女；004：六头身、白眼、长鼻子、白头发，昵称“死神”；005：大型六头身、印第安特征头发、脸上有条纹、褐色皮肤、吊梢眼，昵称“钢铁人”；006：四头身、有胡子、卷头发、蒜头鼻子、眼睛小，昵称“鼹鼠”；007：六头身、秃头、大眼睛、大嘴巴、长脸，昵称“变色龙”；008：五头身、黑皮肤、白色嘴巴、圆眼珠、小鼻子、茶色头发，昵称“人鱼”；009：六头身、茶色头发、长睫毛、大眼睛、鼻梁通直，美男。

这里面，每个人物的形象都反映了作者石之森章太郎创作的年代——20世纪60年代各国“人种”的形象。在日本首先介绍“人种”这一概念的，是明治时代知识分子福泽谕吉。他翻译了很多西洋书籍，在《万国一览》（1869）里把全世界的人分为四类：白色人种——欧罗巴人种；黄色人种——亚细亚人种；赤色人种——亚米利加人种；黑色人种——亚非利加人种。

赛伯人的昵称与他们的特殊功能有联系，他们的背景、职业与他们的国籍和人种联系在了一起。日本近代漫画的发展的一点就在于这种“人种”和“国民”被应用到情节和图案里。

男主人公009和女主人公003都是“白人”的形象，这之后的日本漫画，特别是少女漫画的主人公的外貌一直都很像西洋人，被称作“有着西洋外貌的日本人”。这种形象被中国动漫界继承下来。2001年在北京出版的《美少女的画报》一书里（林晃，接力出版社），该书作者所介绍的“描画美少女方法”就是一个佐证。这本书首先在日本出版。

另一方面，在漫画历史上也有另外一种日本人形象，是由英国人查尔斯·沃格曼（Charles Wirgman，1832–1891）和法国画家乔治斯·费迪南·比格（Georges Ferdinand Bigot，1860–1927）创造的。在他们的笔下，日本人的特征为戴眼镜、龅牙、罗圈腿、猴子脸、吊梢眼。这种日本人不文明的形象延伸至20世纪的国际社会。

漫画作者创造出来的形象不仅是作者想象的产物，也是读者和作者之间长时间互动创造出来的。日本漫画在海外受到各国人民欢迎的这个时代，日本漫画里的这种“漫画语法”已经不仅是日本人的东西，而是在近代这一时代和空间里产生的，成为形成漫画读者的思想、价值观念的条件之一。

2.1.5　日语研究方面

下面笔者将特别介绍金水敏主编的《役割語研究の地平》（2007）、定延利之的《日本語社会のぞきキャラくり（角色大世界——日本）》（2011）这两本书的研究成果。

2.1.5.1　语法方面

（1）角色助词发现的环境（定延利之）

定延利之提出了“话语角色”和“行为角色”这两个术语。“话语角色”是指某种能够暗示说话者角色的表达方式。例如“わしがしっておる（老朽明白）”“おらしってるだ（俺知道的）”“あたしがしってるわ（人家晓得）”。定延利之讨论日语话语角色语言用的句尾词有两种：一是“角色copula”；二是“角色助词（语

气词）”，都在句末。（汉语里copula是指“是”或者“为”。而日语的copula很丰富，几乎每个copula都能联系到相应的角色或者人物形象。）比如日语标准语所使用的助动词是“です desu”，而南方萨摩地区的男性则用助动词“ごわす gowasu”、东京上流阶层妇女以前用“ざます zamasu”、平安时代日本贵族用“おじゃる ojaru”。这些“助动词”就是“角色copula”。现在网络上有的人用这种“角色copula”来表现自己。他们并不一定是真正的萨摩男人或平安贵族，只是通过这些copula来营造出某种风格来表现自己。定延利之把这种现象叫作“呈现了话语角色（转换角色）”。一个说话人可以利用多种表达方式来表现自己所扮演的“角色”。同时，日语里终助词后面有时可以添加另外一个助词来帮助表达主语的角色，定延利之称之为“角色助词（角色语气词）”。例如：ぼくらはフェレット、いたち科だひょーん（我们是雪貂，属于黄鼠狼科的嚎～）。

定延比较“角色copula”和“角色助词”得出结论，“角色copula”可以出现在句子中间，而角色助词一般出现在句末。他也观察到韩语里有相应的“角色copula”“角色助词”。最后指出，日语、韩语等黏着语，有重要谓语后置的句法，这有利于创造角色助词。

（2）现代日语副词描述框架研究（罗米良）

研究日语副词曾经有两种方法：一是从语义学的角度，详细而正确地描写；二是从句法的角度，研究副词的其他成分的共现关系。目的是围绕角色语言与话语角色之间的内在联系，考察现代日语中的副词，探讨“角色语言”理论在副词研究中的必要性和可行性。

岩崎（Iwasaki）的“多重语法假说”理论和金水敏、定延利之的“角色语言”理论，从动态语言的视角出发，围绕角色语言与话语角色之间的内在联系，考察了日语副词。结论是“使用了符合规范语法的副词，还是使用年轻人赋予了特定意义的副词”，取决于说话人要扮演的“话语角色”。当年轻人在扮演“成人”角色时，使用符合规范的副词；而当其要扮演“年轻人”角色时，则会使用赋予特定意义的独特的副词。

2.1.5.2　日语史方面

（1）作为“角色语言”日本皮钦语言的历史（金水敏）

19世纪后半叶，在横滨港口附近，日本人同西洋人、中国人作为交流工具而使用的日语，被称为“皮钦日语”，又叫“Yokohama Dialect”或“YOKOHAMANESE，横滨语言”。与此同时在*Exercises in the Yokohama Dialect*一书中，又产生了一种叫作“Nankinneized-Nippon”的皮钦日语。前者的句尾是“arimasu”型，后者的句尾是“aru”型。两种皮钦日语“如兄弟般相似”。这两种皮钦日语的特征是“arimasu”和“aru”放在句末，例如“カレ（kare）は（wa）答タアルカ（kotaeta aruka）？（他回答没有？）”，作为命令句末则需要加“yoroshi”。例：“彼は答えるよろし（yoroshi）（他可以回答）。”

“arimasu”和“aru”意思是“有”，上面第一个例子是疑问句，意思是“有吗”。这种语法可能来源于汉语的“他答应了没有”的“没有？（有吗）”。但这还需要探讨。1863年来到日本的瑞士特使艾梅亨伯写的“*Le Japon*（《日本旅游记》）”，里面描述了他的日本佣人教给他的简式日语，其中“疑问、否定和肯定”句式分别是arimasuka、arimasi、arimasu，但这并不是正式的日语。由此可见，当时外国人跟日本人交流的时候已经使用了这种皮钦日语。

明治十年（19世纪70年代），在小说等文本中，使用“arimasu”型的场合，一般是西洋人和中国人的角色。明治二十年（19世纪80年代），这种语言以刻板的外国人所使用的印象，一边被创造一边被使用。到了昭和十年（20世纪30年代），通过当时资料可以得知，随着日本帝国主义的膨胀，这种皮钦日语在亚洲等地扩展开来，在中国和朝鲜等地，被日本人用于与当地人交流。

（2）作为“角色语言”的一种——“军队语言”（衣畑智秀·杨昌洙）

日本单口相声“落语”里有这样的句法表现——“自分であります！（是我）”。这在日语里属于一种军队式语言，最早出现在太宰治这样的文学作家的文学作品里，近几年在受到人们欢迎的动漫动作类作品《机动战士Gandamu》里也有这样的句法表现。在战争纪实性文学里确实常有把自己叫“自分（じぶん jibun）”的句式，也有“私（わたくし watakushi）”这样的句式。远藤好英（1983）指出，早在日本近代时代，已有武士用“自分”自称。至于这个词是如何被后世继承下来的尚不明确。现在，相扑运动员、柔道大家（即所谓的“体育界人士”）是非常喜欢使用“自分”一词的。

另外值得注意的是，明治时代开始的以作家二叶亭四迷为代表的白桦派“自分小说”里也常常使用“自分”，其特征是在比较严格的上下级关系里，作为“自称词”而被广泛使用。

下面看“であります dearimasu”这种句式。（“であります”相当于汉语的“是”。）最早，在德川时代末期，被江户地区的妓女所使用。后来，山口县方言资料里也找出了部分例子，明治维新前后，在演讲、小说、报纸、课本里均被广泛使用。明治维新后，在创造了“である dearu”的礼貌体“です desu”之后，渐渐只在演讲或注重礼节的特殊场合使用了。

作为“军队语言”，“自分”“であります”的使用研究还不成熟，学界猜测，可能是在1904年日俄战争和二战之间发展，尔后通过各种媒体传播开来的。

2.1.5.3　日语综合性专著

（1）《日本語社会のぞきキャラくり（角色大世界——日本）》，定延利之撰（2011）。本书着重就“角色大世界”做了探讨。

定延认为，为了考察人们的交际和交际语言，除了风格、文体、品质、人品以外，我们还应该设定“キャラクタ（character，角色）”这个概念。定延利之说，文体和风格是有意识的，可以换，但人品一般不变，而“キャラクタ”不仅是语言，还关系到举止、态度、写字、写的文章、歌唱方法、所制作的美术品等与人有关的行为。“キャラクタ（角色）”和语言的关系有三种：（一）语言直接描写属性，例如“ぼっちゃん（公子）”；（二）说话方式暗示角色属性（発话キャラクタ话语角色），例如，“そうじゃ soja，わし washi が ga 知っておる sitteoru（是，老朽明白）”这就是日本“老博士话”。（三）词语或者语言表现暗示动作者（表現キャラクタ“行为角色”），以“ニタリとほくそ笑む（坏人暗中讥笑、奸笑）”为例，行为暗示动作者是坏人、好人、女性、男性等。这三种关系是相互联系的。“発话キャラクタ（话语角色）”分为两种，一种是社会里的类型，另外一种是社会外的异人型，如“平安贵族”“欧美人”“猫”等。它可以从四个方面来分析：品位、等级、性别和年龄。老人和孩子没有语言上的性别差异，语言上男人等级比女人高，女人品位比男人高，等级最高的不论品位，如上帝不必使用礼貌用语，使用庄严的语言即可。此外，为了研究语言和交际，“キャラクタ character（角色）”的观察很重要。以前的研究太强调语言的目的性，但仔细观察“キャラクタ”，我们发现每个人不一定是有目的地去选用“キャラクタ”，而是非常自然地去使用它。坎贝·尼克和森田（Campbell Nick and Morita，2003）曾调查了一个日本妇女几年之间的日常会话数据资料，发现她对自己女儿往往“高声说话”，对丈夫则是“低

声说话”，由此可见，人在生活中，会自然地不断变换自己的话语角色。

（2）其他

中村桃子在《性と日本語ーことばが作る女と男》（《性别与日语——由语言构成的女性和男性》，2007）里提出角色语言的上位概念“语言资源”。它指的是母语使用者之间共有的语言知识，人们对“语言资源”进行策略性的运用。

还有中村桃子编《ジェンダーで学ぶ言語学》（《从社会性别的角度来看的语言学》）、金水敏主编《役割語の展開》（《角色语言研究的发展》，2011）里几位学者谈到，角色和语法的关系，日语教育课本里面的角色语言，外语翻译和角色语言的关系，作为欧洲人角色语言的不标准的日语，“闷骚”角色语言研究等。

2.2 汉语“角色研究”和中国国内相关研究

2.2.1 日本学者研究的“角色语言”

（1）网络上的汉语语气词现象

定延利之和张丽娜（2007）观察了网络上的汉语语气词现象，发现网络上有用方言词或者特殊的语气词来表示某种角色的语言现象。例如，“只要觉得系对的就去做”（广东人角色），“你都工作过啦，还想做学生咩”（可爱女生角色），“好诱人喵”（猫人角色）等。他们把这种“咩、喵”等表示角色的语气词叫作“角色句末（语气）词”，也指出有“在下”等表示角色的自称词的存在，同时指出这种角色语气词产生的条件为：（一）在电子邮件、网络聊天等轻松的语言交际中；（二）人们在用各种“话语角色”来玩的语境下；（三）胶着型语言。以“后置主要谓语”等为特点的语言，这类语言现象容易发生。此类“角色句末（语气）词”一般从感叹词派生。

（2）试论汉语中的角色语气词“捏 / 涅 / 逆”“呵呵 / 哈哈 / 吼吼”“的说”（罗米良）

日语当中最具代表性的“角色语言”主要是人称代词和句末表达方式。其中，后者的一部分被称作“角色词尾”（キャラ語尾）。定延（2007）从“判断句式的相似性”和“角色原型的显著性”两个角度又将“角色词尾”分为“角色判断词”（角色 copula）和“角色语气词”（角色助詞）。定延、张（2007）主要从有无角色原型的视角考察了日语和汉语中的“角色语气词”。本文在该研究的基础上，以问卷调查的方式探讨了汉语中的角色语气词“捏 / 涅 / 逆”“呵呵 / 哈哈 / 吼吼”和“的说”的社会认同程度，以及所对应的话语者人物形象（角色）特征和所表达的话语者情感。结果发现，无论是“捏”“涅”“逆”，还是“呵呵”“哈哈”“吼吼”以及“的说”，使用者大多为年轻人，其中又以年轻女性为主。换言之，年轻人在网络交际的舞台上，通过使用新奇的词语，扮演出与众不同的新角色。

（3）中国語の「角色」研究和日本語のキャラクタ研究（《汉语“角色”研究与日语“角色研究”》）（张丽娜、罗米良）

张丽娜、罗米良（2010）概括一些有关中国角色研究的状况，指出中国角色语言的不足之处。该文同时介绍了中国小说和电影里面的外国人角色语言。例如，“A：（前略）你地明白？我地大大地牵挂！死拉死拉地想你！ B: 你地大大地日本人？”（日本人角色），“啊 ~ You 这儿（脑子里）没想好，No good（不行），movie（电影）也……也就 No good（拍不好）。Money（钱），打水漂的（di）干活，你的（di）明白”（电影《大腕》）（对外国人的语言）。由此可见，汉语里既有日本人角色语言，也有汉语 foreigner 语言。这种语言不一定是现实生活中外国人说的话，也就是虚拟的语言，可以说是“角色语言”。

2.2.2 中国国内的相关研究

2.2.2.1 社会心理语言学的“角色”语言

在中国也有一些角色语言研究，但这跟日语的角色语言理论不完全一样。下面是中国学者基于社会心理学的角色理论的研究，有些观点不一样，所以发现的东西也不一样。

（1）《社会心理语言学》（王德春、陈汝健、姚远）（1995）一书中，将社会学、社会心理学和语言学等几个领域联合起来，进行了语言研究。他们指出语言的本质表现在三个方面：（一）属性的特征；（二）功能的特征；（三）本质的特征。他们从这三个方面来关注了社会学理论当中的社会角色论。“每个人都必须在不同的社会环境中扮演不同的角色。这种由图尔纳和康威斯等人于 1965 年提出的社会角色理论，可以用来解释语言的社会心理。”他们的研究领域涉及领导语言、夫妻交谈、班主任语言、售货员语言、医用语言、教师语言、律师语言、导游语言、军事指挥员的口才、外交辞令、企业管理者的口才、采访中的交谈、父母怎样和孩子交谈，等等。这都是角色语言研究的重要内容。

他们用例子解释医用语言应充分考虑病人的心理承受能力，对重病者、癌症病人，可以适当地采用模糊语。

由此可以看出，他们关注的是自然语言以及现实生活中的社会角色和语言的关系。他们的观点是：个体在社会舞台上扮演不同的角色，于是社会对他们提出了一整套的关于言行模式的社会期待和角色要求。在社会生活中，人人都是身兼数职的，一个男人（性别角色）在学校里是教师（职业角色），在家里是丈夫和父亲（家庭角色），他时而是公园的游客（游客角色），时而是商店里的顾客（顾客角色），时而又是电影院里的观众（观众角色），社会心理学将这种一身兼任多重角色称为“角色丛”或“角色综合体”。角色效应要求个体除了学习各种角色期待的行为之外，还要学会角色语言。

他们分析“说写者”时这样写道：“说写者是使用语言表达思想的人，在言语表达方面被若干因素影响或制约着。言语交际的规律就是使言语与表达者诸因素相协调。这些因素是身份、地位、性别、年龄、职业、籍贯、思想性格、文化修养、经历、处境、心绪、说话目的等。”

这里说的“说写者”的语言有一些与“角色语言”相关。可惜的是具体地描写其语言差异的论文比较少。

（2）《社会心理修辞学导论》（陈汝东）（1999）

中国的语言学专著里提到角色语言的不多。这本书从社会心理语言学的角度来探讨角色语言。作者用四十页的篇幅，讨论社会角色与修辞行为。他分析了蒋子龙的小说《燕赵飞歌》等里面的角色和语言的关系，从而指出社会角色和话语角色的特点。该特点是：“一般社会角色是稳定的，而话语角色是短暂的、瞬时的，因语境而变化的。在言语交际中，话语角色可根据语境的需要进行调整，以便使其话语同角色相适应，以达到预期的交际目的。”“话语角色关系”是指在研究交际中的主体间的社会关系和话语关系，是一系列社会行为规范和语言规范的总和。

他把话语角色分为两种：现实话语角色和潜在话语角色。根据言语交际过程，又分为主要角色、次要角色或权势角色和非权势角色。根据生活中的话语角色特征分为血缘角色、行业角色、性别角色、年龄角色、行政角色、语域角色和民族角色等。尝试分析每个语言特点后他指出，话语角色和角色关系对修辞行为具有很大的制约作用，各种话语角色有与之相应的语言规范，在言语交际过程中，遵守话语角色言语规范是取得良好的交际效果的前提。

（3）《现代修辞学》（王德春、陈晨）（2001）

王德春、陈晨（2001）也用社会心理学的社会角色理论探讨了语言。他们指出，话语建构时要遵守其所认定的话语角色的言语行为规范。（这里和2.2.7提到的话语角色等术语虽然与笔者阐述的日语角色语言的术语用字一样，但其定义不相同。）他们指出：言语交际行为尤其是修辞行为，必须遵守主体的话语角色规范，使其话语符合交际双方的话语角色关系，这是取得理想的交际效果的必要前提。话语角色认知可分为三个方面：一是自我角色认知；二是他人角色认知；三是交际双方之间的话语角色关系认知。

换句话说，他们的想法是：我是谁？你是谁？我们是什么样的关系？人们根据这三个问题互相认同，调整言语来交流。

以上的研究都基于社会心理学角色理论出发，尝试描写各种汉语角色语言的特点。但描写只是在表面，例子也不多，并且太注重于语言和行为的规范性，主张语言应该符合人们对每个角色的期望。

然而，人们进行言语交流时，并不一定顺从外在交际期望而进行。每个人把自己发自内心的交际目的表达出来，或以很简单的理由不服从社会期望和规范也是很正常的现象。人们甚至积极地利用作为语言资源的“角色语言”来进行交流，或者创作作品。

（4）其他

基于社会心理学角色理论的论文有年志远《角色语言浅论》《应用语用学理论》（1990），唐亮（2009）研究《红楼梦》贾母语言的领导性等。

写人学方面的研究有李桂奎《中国小说写人学》。

李桂奎（2008）运用社会心理学的社会角色理论以及性别角色理论，构建了写人研究的新学科体系，在我们考察汉语“角色语言”的时候很有参考价值。他在《中国小说写人学》里主要探讨了中国古代小说里的躯体喻、姿态造型（动作和角色）等问题。

他首先整理了“角色（role）”和“人物（person）”以及“人物形象（character）”等概念的异同。在以往的批评观念中，人们往往将“角色”等同于“人物”使用。但在社会心理学中，人物是社会话剧中某一类的“演员（actor）”，而角色则表示人物身份或地位（status）的动态性质，其本质特征是动态的“扮演性”，包括何种人物参与扮演、扮演何种人物等。自20世纪60年代以来，戏剧主义批评（Dramaturgical Criticism）关于人物“角色”的理论就不断地被征用。我们知道戏剧主义修辞之所以被称为“戏剧主义”，主要是因为它源于戏剧分析，其立足点是“人生就是一场戏，而世界就是它的舞台”这一修辞化的隐语。按照人们至今尚能普遍认同的观念，文学是社会生活的投影，小说更通常被视为社会生活的一面镜子。社会角色在被投影到小说之镜后就自然成为小说角色。这样的戏剧角色、社会角色、小说角色之间的内在互动关系为我们探讨中国古代小说的写人技巧提供了理论依据。

从这里可以看出，李桂奎的理论背景是社会心理学角色理论和戏剧主义批评（Dramaturgical Criticism）。

虽然李桂奎没有具体地说“写人学”就是研究汉语角色语言，但他指出“戏剧角色、社会角色、小说角色之间的内在互动关系”，他的这种看法与金水敏的“在现实社会或者历史的某个地点、某个时间被使用的语言，通过小说、动漫、电视剧等媒体和教育形成共识，从而最终形成角色语言”的观点相当相似。

此外，李桂奎还关注了中国古代小说里写人的技术，特别是“身体修辞”方面，探讨了男性霸权话语下的男性躯体描写的“动物化”与女性躯体描写的“植物化”等创作现象，论述了传统“五色文化”“品色衣”等容色描写的角色象征和指示功能。此外，他还阐述了“坐、立”等行为和角色的关系。我们将在本书第七章深入思考他提出来的这些问题和“角色语言”的问题。

有关汉语研究、方言研究等实际的语言研究很丰富，却很少有学者从刻板印象的角度来研究汉语。与笔者上述日语研究相对应的汉语现象，在汉语里几乎都有。比如人物和“角色语言”、方言和“角色语言”、翻译和“角色语言”、外语习得和“角色语言”、通俗文化和“角色语言”、网络语言和年轻人语言等问题。这方面的研究涉及汉语史和语言的接触问题、普通话政策、对外汉语教学和语言学本质性问题。如果汉语角色语言没有那么丰富，我们可以探讨其理由和汉语言语变体发展的方向等问题。

第三章　汉语"角色语言"探讨
——以中国方言电视剧为范本

语言具有社会性，在使用中总会附加上一些社会特征，譬如：性别、职业、阶层、时代等。这种身份上的语言差异就叫"角色语言"，日本的"角色语言（役割语）"这一概念和王德春先生等汉语学者所说的角色语言有所不同。本章考察汉语电视剧里面的角色与方言的关系，并且做了方言与角色语言态度调查。通过调查发现，"汉语角色语言"是在电视剧里的人物与中国各地的方言结合中逐渐形成的。

3.1　日本角色语言和方言

前面介绍的日本的"角色语言"这一概念和王德春先生等中国学者所说的汉语"角色语言"有所不同。日语角色语言重要的一个观点是，角色语言并不一定要完全符合现实社会存在的语言变体。通过日语的调查表明，日语的女性用语现在在社会上已经不常用，而电视剧里面女性角色却更多用女性用语。因为一听到这种角色语言，大家都会很容易想起他或她的性别、年龄、身份等。日语当中角色语言主要表现在自称词和语气词，也有些方言让人联想到某种形象。比如说大阪方言让人联想到商人，日本东北话让人联想到乡下人。例如，日本电视剧《阿信》说的就是东北山形县方言。

托马斯·马丁·高巴茨（Thomas Martin Gaubatz）《小说里的美国方言的日语译文》也提到了使用方言的作用，而龙（Long）和朝日（1999）的研究则揭示了，在美国电影《飘》的日语版里，黑人英语用日本东北话配音，*Back to the Future*（《回到未来》）里，美国南部方言也是用日本东北方言配音。龙指出美国南部方言有文化水平低、乡下人的印象，日本东北方言也是如此，两者有共同性。为了达到某些效果人们把特定的方言和角色联系起来。汉语有这样的现象吗？

3.2 角色语言和现实语言

确实，现实社会的语言和电视剧里的虚拟语言就有角色语言互相影响的结果。比如说曾举行过实际调查的雷红波《上海新移民的语言社会学调查》（2008）中提到，有位在上海的研究生跟来自河南家乡的老同学不想用河南话交谈（92 页），她对同学说：“我跟你说，你再说，你找工作，保不准儿就带出啥河南话来。”此外，这篇博士论文中还对在上海外资企业工作的女性白领阶层进行了调查，发现她们一般用普通话，有时候夹用上海话和英语（95 页）。这种现象符合《武林外传》当中的吕秀才形象，他有时说普通话，有时候说上海话，甚至有时还说英语。此外，这也与我们此次调查中关于知识分子、农民工和小偷的使用语言符合。

3.3 汉语的角色语言模式

下面图 2 是借用日语“角色语言”的概念做出的，笔者将尝试给出汉语的角色语言模式。

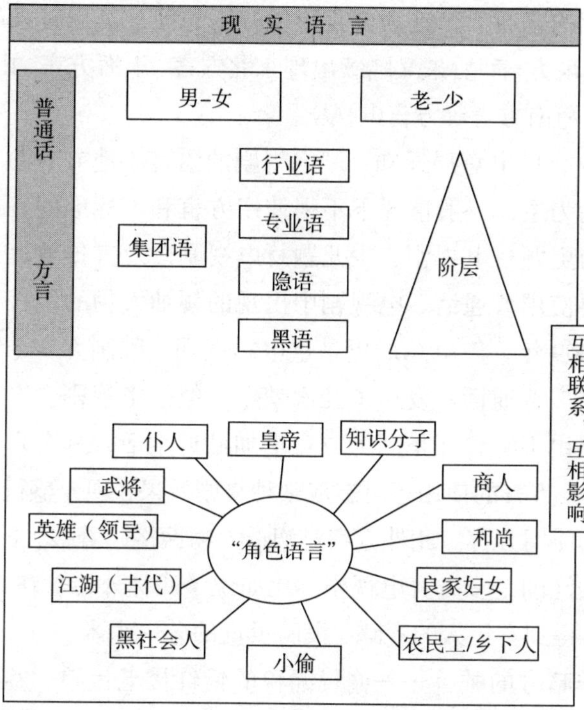

图 2　汉语的角色语言模式图

笔者假设汉语的角色语言的生态，可以分为现实生活中的语言和创作作品当中的语言。现实生活中可以分为普通话和方言，男女老少的语言，还有阶层语言。另外一个方面是创作作品当中的语言，比如图中的皇帝和仆人的语言、和尚和乡下人的语言等等。这些现实生活当中的角色语言和创作作品中的角色语言是互相联系、互相影响的。

3.4　汉语影视剧中的角色语言和方言

电影《开国大典》里，毛泽东、周恩来等开国领导人说着一口带家乡口音的普通话，这为方言影视开了先河，其后越来越多的影视里开始出现方言。后来又陆续出现东北方言、上海方言、山西方言、山东方言、河南方言等方言电视剧。

2005 年，广电总局通知：“电视剧的语言（地方戏曲片除外）应以普通话为主，一般情况下不得使用方言和不标准的普通话。重大革命和历史题材电视剧、少儿题材电视剧以及宣传教育专题电视片等一律要使用普通话。电视剧中出现的领袖人物的语言要使用普通话。”2009 年，广电总局更是重申影视剧“限制方言令”。尽管国家为了推广普通话，发布了几次禁令，但是影视剧“方言热”的现象仍然层出不穷，那是因为方言更加贴近生活，具有真实感和亲切感。同时，方言的使用还可造成某种喜剧效果，现今盛行的小品，绝大多数都使用方言。此外方言对塑造人物性格起着很大的作用。

笔者关注的是多方言电视剧。比如说《武林外传》在 2006 年播出后，马上得到青年人的青睐。没脸没皮的乞丐小米、以“淑淑淑，芬芬芬”作暗号的贼首——偷税漏税的怡红楼老板娘“赛貂蝉”则同讲河南方言。在 2009 年播出的《我的团长我的团》这部电视剧里，各人物形象中有说北京话的连长，说上海话的少校，说湖南话的下士，还有说河北保定方言的没上过学的上等兵等，方言在这里生动反映了抗日战争时期这个部队里面的人员来自神州的五湖四海，以及人物角色的文化水平。《炊事班的故事》是中国第一部军旅题材的情景喜剧，从 2002 年到 2007 年期间，共拍摄了三部。这里面有说河南话的打杂的小毛，他是班里的著名笑星；还有说东北话的大周，身材魁梧，容易冲动，热心肠。

也有人主张影视剧不用方言更好。我们在这里不讨论影视剧里应该不应该使用方言的问题，也不认同这种现象会导致对特定方言的鄙视。影视剧中使用的方言反映了现实社会各个地方人的特征，以及社会对各个地方人的评价。我们关注的是通过这种影视剧方言塑造了什么样的人物形象。

3.5 角色和方言——语言态度调查

为了揭示中国人对方言的态度和角色的关系，笔者进行了调查。调查的内容如下。

调查的内容：角色和方言、语言的关系。第一部分问的是“要是您是导演或者编剧，为了塑造其人物的形象，您觉得用哪种语言（方言）最合适”。第二部分问的是，对每个方言的印象如何。第三部分是个人信息（所在地、年龄段、学历）。第四部分是对方言和电视剧角色的意见。

调查对象：A. 华中科技大学（表中简称为华中大）的本科生、研究生共 37 名；B. 南京大学（表中简称为南大）的本科生和研究生、北京大学的研究生、同济大学的研究生共 37 名；C. 成年人（学历较高的，以在新疆地区生活的人为主）。选的对象是大学生和成年人，原因是大学校园是各个方言聚集的地方，大学生比较熟悉别的地方的方言。笔者之所以将受调查的大学生分为 AB 两个，原因是大学水平差不多，可是他们的大学所在地不一样，一个是在中部，另外一个主要是分布在上海、南京，还有北京，它们都有自己独特的历史地理背景，学生接触的方言也有所不同。我希望借此了解调查对象是否会因为地域差异而在调查内容的认识上有所差异。另外，笔者选择的成年人学历比较高，主要是住在新疆的成年人。新疆地区的人来自五湖四海，语音南腔北调，但是共同语言是普通话，他们的经历比较丰富，也经常出差去全国各个地方。除了方言以外，加入了古语是因为古语也是塑造人物的很重要的语言变体。

此次的调查时间为2010年5月中旬。刚开始时，我采访了几个中国人，询问方言和角色的关系，使用了excel表格来制作调查内容。然后，我又调整了调查方法，使用调查网站“问卷星”进行了匿名调查（http：//www.sojump.com/wjx/manage/myquestionnaires.aspx）。

调查结果：

第一部分：角色与方言

表1 知识分子角色

	1	2	3	4
A. 华中大	普通话（89.2%）	北京话（48.6%）	古语（29.7%）	上海话（10.8%）
B. 南大及其他	普通话（86.5%）	北京话（40.5%）	上海话（29.7%）	广东话、湖北话（5.4 %）
C. 成人	普通话（78.9%）	上海话（34.2%）	北京话（28.9%）	古语（10.5%）

所有的受调查者中，第一选择是普通话，第二选择是北京话，第三有古语和上海话。10.5%的成年人选择了古语。

表2 商人角色

	1	2	3	4
A. 华中大	广东话（54.1%）	上海话（37.8 %）	普通话（35.1%）	山西话（27%）
B. 南大及其他	广东话（59.5 %）	上海话（48.6%）	普通话（37.8%）	山西话（27%）
C. 成人	广东话（55.3 %）	普通话（34.2%）	山西话（23.7%）	东北话、河南话（13.3%） 上海话（13.2%）

所有的受调查者，第一皆选择广东话。A、B大学生的第二个选择是上海话。另外，还有相当比例的人选择了山西话，这可能是“山

西话”让人联想到山西商人，即所谓“晋商”。

表 3　农民工角色

	1	2	3	4
A. 华中大	河南话（62.2 %）	四川话（35.1 %）	山东话（21.6%）	东北话（18.9%）
B. 南大及其他	河南话（70.3%）	四川话（54.1%）	山西话（25.1%）	山东话（24.3%）
C. 成人	四川话（55.3%）	河南话（47.4%）	普通话（23.7%）	湖南话（15.8%）

提到农民工 A、B、C 群体基本都联想到河南话和四川话。

表 4　乡下人

	1	2	3	4
A. 华中大	河南话（45.9%）	东北话（37.8 %）	山西话（32.4%）	四川话（27%）
B. 南大及其他	河南话（56.8%）	四川话（32.4%）	东北话（29.7%）	山西话（24.3%）
C. 成人	四川话、河南话（31.6%）		东北话（28.9%）	普通话（21.1%）

A、B、C 群体大多联想到四川话和河南话，比起表 3 的农民工角色语言，不少人还选择东北话。

表 5　武将

	1	2	3	4
A. 华中大	东北话（62.2%）	山东话（51.4%）	普通话、古语（18.9%）	
B. 南大及其他	东北话（51.4%）	山东话（35.1%）	普通话（32.4%）	山西话（16.2%）
C. 成人	山东话（52.6%）	东北话（36.8%）	普通话（31.6%）	湖北话、四川话、山西话（7.9%）

武将说的语言，东北话、山东话的印象最多。究其原因，可能东北话、山东话给人的印象是直爽、强壮。

表 6　英雄（领导）

	1	2	3	4
A. 华中大	普通话（64.9%）	湖南话（29.7%）	北京话（35.1%）	东北话（18.9%）
B. 南大及其他	普通话（51.4%）	山东话（27%）	东北话、北京话（24.3%）	
C. 成人	普通话（63.2%）	山东话（23.7%）	东北话、北京话、四川话（18.4%）	

作为英雄（领导）的语言，三个群体认为普通话最合适。这符合金水敏先生书上提到的“英雄应该说最标准的语言”的准则。

表 7　良家妇女

	1	2	3	4
A. 华中大	普通话（48.6%）	四川话、上海话（18.9%）		山东话、湖北话、山西话（16.2%）
B. 南大及其他	普通话（67.6%）	上海话（24.3%）	山西话（18.9%）	四川话、古语（16.2%）
C. 成人	普通话（65.8%）	山东话（23.7%）	东北话、湖南话（13.2%）	北京话、上海话、四川话（10.5%）、（古语 5.3%）

关于良家妇女的“语言印象”，一半左右的受调查者选择的是普通话，第二个语言显示出受调查者地域的差异。A、B 群体中不少人选择了上海话。上海话在第二部分的调查中，给人的印象中有“娘娘腔”的感觉。这里可以看出上海话用于小姐语言比较合适。这跟张爱玲所写的上海贵族小姐的形象或者柔软的苏州话发音也许有关。另外，笔者在利用问卷网站之前，在华中大进行的纸上问卷调查时，收集到的 49 份答案当中有 10 个人选择古语。

表 8　皇帝

	1	2	3	4
A. 华中大	普通话（86.5%）	北京话（56.8%）	古语（24.3%）	河南话（8.1%）
B. 南大及其他	普通话（67.6%）	北京话（43.2%）	古语（35.1%）	其他（10.8%）
C. 成人	普通话（63.2%）	北京话（50%）	古语（23.7%）	

关于皇帝的语言，所有的群体都选择了普通话、北京话和古语。这跟电视里反复播放清朝皇帝电视剧有关系。

表 9　仆人

	1	2	3	4
A. 华中大	普通话（37.8%）	河南话（29.4%）	山西话、山东话（24.3%）	
B. 南大及其他	普通话（43.2%）	四川话（37.8%）	北京话（21.6%）	河南话（16.2%）
C. 成人	普通话（36.8%）	四川话（26.3%）	山东话、河南话、山西话（13.2%）	古语（10.5%）

仆人一般身份不高，不过和表 3 的农民工角色还是不同。这里的“农民工”不是针对一般意义上的农民工，而是指调查研究的表 3 的“农民工”角色。不少受调查群体先选择了普通话，然后才选四川话、河南话。

表 10　江湖（古代）

	1	2	3	4
A. 华中大	古语（48.6%）	普通话（29.7%）	东北话（27%）	山东话（24.3%）
B. 南大及其他	普通话（40.5%）	古语（37.8%）	东北话、湖北话（21.6%）	
C. 成人	普通话、东北话（31.6%）		山东话（26.3%）	河南话（18.4%）

古代的江湖还是以古语较多。另外还有不少受调查者选择了拥有豪放形象的东北话、山东话。

表 11　黑社会

	1	2	3	4
A. 华中大	东北话、广东话（48.6%）		北京话(21.6%）	湖北话（16.2%）
B. 南大及其他	东北话、广东话（48.6%）		北京话、山东话（16.2%）	
C. 成人	东北话 （47.4%）	广东话 （23.7%）	普通话 （26.3%）	河南话、四川话 （18.4%）

作为黑社会的语言，三个群体都选择东北话和广东话。历史上东北出土匪，而香港拍摄了一些描写黑社会的影视剧，这在人们的心目当中造成了东北话和广东话与黑社会之间的联系。

表 12　小偷

	1	2	3	4
A. 华中大	河南话 （45.6%）	普通话（29.7%） 四川话（29.7%）		广东话 （18.9%）
B. 南大及其他	河南话 （40.5%）	普通话、东北话（29.7%）		四川话 （24.3%）
C. 成人	河南话 （39.5%）	普通话 （36.8%）	东北话 （26.8%）	四川话、湖南话 （10.5%）

作为小偷的语言，选择最多的是河南话。影视剧中河南话的印象多半是负面形象。不过，特定的方言因为影视剧描写受到鄙视并不是好事。

表 13　和尚

	1	2	3	4
A. 华中大	普通话 （51.4%）	古语 （40.5%）	河南话 （35.1%）	山东话 （16.2%）
B. 南大及其他	普通话 （54.1%）	古语 （45.9%）	河南话 （27%）	四川话、其他 （10.8%）
C. 成人	普通话 （44.7%）	河南话 （31.6%）	古语 （21.1%）	北京话、山东话 （15.8%）

关于和尚，一半左右的受调查者对其语言印象是“普通话”，紧随其后的是古语。选择河南话的人很可能是联想到著名的少林寺。

表 14　孙悟空

	1	2	3	4
A. 华中大	普通话（59.5%）	北京话（27%）	四川话（21.6%）	古语（18.9%）
B. 南大及其他	普通话（54.1%）	北京话、古语（18.9%）	山东话（16.2%）	东北话（13.5%）
C. 成人	普通话（55.3%）	北京话、四川话、古语（18.4%）		山东话（13.2%）

孙悟空是故事中的人物，相关影视作品中也有好几个描写孙悟空的版本。超过一半的受访者认为孙悟空该说普通话，其次是北京话和古语。

表 15　猪八戒

	1	2	3	4
A. 华中大	普通话（51.4%）	东北话（32.4%）	山东话（27%）	河南话、古语（13.5%）
B. 南大及其他	普通话（54.1%）	东北话、山东话（27%）		河南话、四川话（13.5%）
C. 成人	普通话（47.4%）	北京话（18.4%）	河南话、四川话（15.8%）	东北话、山东话、古语（13.2%）

超过一半的受调查者认为，八戒该说的语言应该是普通话，其次是东北话。大概是猪八戒爱喝酒的形象使人联想到东北话和山东话。

第二部分：方言与性格

在第二部分中，我们调查了三个群体对 11 种语言的语言态度。

评论的标准有“文雅、娘娘、时尚、富裕、幽默、亲切、精明、直爽、强壮、标准、朴素、很土、狡诈、小气、固执、老革命、会喝酒、爱吃辣”。

1. 普通话

A. 华中大（湖北）：标准 75.7%，文雅 51.4%，时尚 35.1%，亲切 27%，直爽、富裕 24.3%

B. 南京大学、同济大学（上海）：标准 86.5%，文雅、亲切 43.2%，时尚 24.3%，直爽、朴素 21.6%

C. 成年人：标准 65.8%，文雅 39.5%，亲切 34%，直爽 31.6%，时尚 28.9%，朴素 26.3%

由上可见，普通话有文雅、标准的形象。

2. 东北话

A. 华中大（湖北）：直爽 97.3%，幽默 48.6%，强壮 37.8%，会喝酒 29.7%，朴素 27%

B. 南京大学、同济大学（江苏）：直爽 89.2%，强壮 56.8%，会喝酒 35.1%，朴素、幽默、固执 21.6%

C. 成年人：直爽 76.3%，强壮 50%，会喝酒 26.3%，很土、幽默 26.7%，朴素 21.1%

对于东北话，大约 80% 以上的人认为有直爽的印象，50% 左右的人对东北话有“强壮”的印象，30% 的人对其有“会喝酒”的印象。

3. 北京话

A. 华中大（湖北）：直爽 56.8%，精明、标准 32.4%，幽默

29.7%，时尚 27%，亲切 24.3%

B. 南京大学、同济大学（江苏）：直爽 43.2%，幽默 35.1%，标准 29.7%，强壮 24.3%，固执、亲切 21.6%

C. 成年人：精明 47.4%，直爽 39.5%，标准 34.2%，幽默 23.7%，时尚、小气 18.4%

由上可见，北京话给人以直爽、精明、幽默、时尚的印象。但上海和南京的大学生不觉得北京话有“精明”的印象。

4. 山东话

A. 华中大（湖北）：直爽 75.7%，强壮 51.4%，朴素 35.1%，亲切 24.3%，会喝酒 21.6%（固执 18.9%）

B. 南京大学、同济大学（江苏）：直爽 75.7%，强壮 54.1%，朴素 35.1%，固执 27%，会喝酒 21.6%

C. 成年人：直爽 73.7%，强壮 50%，朴素 39.5%，很土 21.1%，亲切 18.4%

由上可见，山东话给人以直爽、强壮和朴素的印象。

5. 河南话

A. 华中大（湖北）：朴素 56.8%，很土 54.1%，小气 32.4%，固执 24.3%，狡诈 21.6%

B. 南京大学、同济大学（江苏）：很土 51.4%，朴素 53.1%，狡诈 24.3%，直爽、固执 21.6%

C. 成年人：很土 57.9%，朴素 39.5%，狡诈 34.2%，直爽 26.3%，精明、幽默 21.1%

由上可见，河南话给人以朴素、很土，也有狡诈的印象。

6. 湖北话

A. 华中大（湖北）：狡诈 45.9%，精明、很土 35.1%，直爽、固执 32.4%，幽默、小气、爱吃辣 16.2%

B. 南京大学、同济大学（江苏）：朴素 35.1%，精明、狡诈 27%，直爽、老革命 24.3%，固执 32.4%，爱吃辣 21.6%

C. 成年人：精明 44.7%，直爽 34.2%，狡诈 31.6%，很土 23.7%，老革命 21.1%

由上可见，湖北话给人以精明、狡诈、直爽的印象。这也许跟湖北有“天上九头鸟、地上湖北佬”的谚语有关。此外，讲湖北话的湖北人还给人“老革命”的印象。

7. 四川话

A. 华中大（湖北）：爱吃辣 67.6%，直爽 43.2%，幽默 35.1%，亲切 29.7%，朴素 24.3%

B. 南京大学、同济大学（江苏）：爱吃辣 62.2%，朴素 40.5%，直爽 32/4%，幽默 29.7%，亲切 21.6 %

C. 成年人：爱吃辣 52.6%，精明 42.1%，幽默 36.8%，直爽 34.2%，亲切 28.9%

四川话给人“爱吃辣”的印象最为深刻。第一部分，农民工、乡下人选河南话和四川话，东北话也比较多。不过从这里的答案来看，四川话的印象较河南话的印象相对较好，不少受访者认为四川话给人“精明、直爽、亲切”的感觉。

8. 山西话

A. 华中大（湖北）：朴素 48.6%，很土、老革命、亲切 32.4%，固执 29.7%，直爽 27%

B. 南京大学、同济大学（江苏）：朴素 43.2%，很土 37.8%，直爽、老革命、亲切 29.7%，固执 16.2%，小气、富裕、会喝酒 13.5%

C. 成年人：很土 52.6%，直爽 39.5%，朴素 31.6%，强壮 23.7%，老革命 21.1%

山西话给人的印象有很土、朴素、直爽，还有“老革命”。2008 年电视里播放了农村电视剧《喜耕田的故事》，2009 年播放了电视剧《走西口》，剧中的主角讲的都是山西话，或许受访者受到了这些电视剧的影响。

9. 广东话

A 华中大（湖北）：精明 54.1%，富裕 51.4%，时尚 40.5%，狡诈 37.8%，直爽 21.6%，小气 45.9%

B. 南京大学、同济大学（江苏）：精明 70.3%，狡诈 40.5%，富裕 29.7%，时尚 27%，直爽、娘娘、幽默、固执 13.5%

C. 成年人：精明 68.4%，富裕 52.6%，时尚 31.6%，狡诈 26.3%，小气 28.9%，娘娘 21.4%

广东话给人以精明、富裕、狡诈、时尚的印象，而成年人和上海、南京的大学生认为广东话有点娘娘腔。

10. 上海话

A. 华中大（湖北）：精明 70.3%，狡诈 51.4%，娘娘 48.6%，小气 45.9%

B. 南京大学、同济大学（江苏）：精明 73%，娘娘 48.6%，小气 43.2%，时尚 27%，狡诈 24.3%

C. 成年人：精明 71.1%，小气 60.5%，娘娘 36.8%，文雅 21.1%，狡诈 15.8%

三个群体中，认为上海话给人“精明”印象的人群高达70%以上。此外，还有不少人认为其有“狡诈、小气、娘娘腔”的感觉。

11. 古语

A. 华中大(湖北): 文雅64.9%，固执48.6%，朴素29.7%，老革命、标准18.9 %，亲切13.5%

B. 南京大学、同济大学（江苏）：文雅70.3%，朴素40.5%，标准32.4 %，固执21.6%，幽默、老革命16.2%

C. 成年人：文雅57.9%，朴素28.9%，精明、亲切23.7%，直爽、固执15.8%，时尚、幽默13.2%

古语给人最大的印象是文雅，还有朴素、固执的印象。大学生的评价中，也有不少人认为其“标准”，而成年人中只有57.9%的人认为其“文雅”。

12. 湖南话

A. 华中大（湖北）：固执48.6%，朴素29.7%，老革命、标准18.9 %，亲切13.5%

B. 南京大学、同济大学（江苏）：爱吃辣51.4%，朴素37.8%，老革命35.1%，直爽24.3%，精明21.6%

C. 成年人：爱吃辣44.7%，直爽28.9%，老革命26.3%，精明、强壮23.7%，幽默21.1%

像四川话一样，对于湖南话，不少受访者认为其给人以“爱吃辣”的印象。由此可见，不少受访者的潜意识里，四川、湖南等地的方言和饮食文化之间都有一定的联系。还有受访者认为湖南话和四川话给人以“老革命”的感觉，这大概是因为毛泽东、刘少奇、邓小平等中华人民共和国的缔造者都是湖南人、四川人的缘故吧。

3.6　小结

“角色语言”是在创作中为了描写特定的人物才被使用的语言，常见于影视、戏剧等“虚拟社会”中。这种表达方式通过教育、媒体、戏剧、电视剧等传播形式反复使用而固定化，普通大众则认可了这种“虚拟现实”的语言。

一般说来，汉语相对日语没有那么明显的男女老少的语言区别，阶层、群体的社会方言的差别程度也不大。但是，从观察电视剧里面的方言的作用，以及通过这次的调查，笔者认为汉语的方言有刻画人物的作用，编剧利用每个方言的形象造型人物。在中国随着方言影视的发展，方言和角色的联系会更加强，“汉语角色语言”是在与方言的结合中逐渐形成的。

第四章　汉语传统的“角色语言”

在前一章我们探讨了方言与“角色语言”的关系，在这一章我们要讨论中国传统的“角色语言”。之所以笔者认为下面几个语体属于中国的传统角色语言，是因为这几个词语体现了人物的性别、身份、地位、外貌、性格与语言之间的关系。这几个语体是官腔、娘娘腔、学生腔（书生腔）、文艺腔、洋腔、娃娃腔。

在期刊网里查询相关论文，笔者发现记录上述几种角色语言的媒介多以报纸居多，而且带有讽刺、描写性的文章比较多，从正面探讨的论文几乎没有。笔者为了探讨汉语角色语言“官腔”“娘娘腔”和“学生腔”，一方面收集文献，另一方面在网络上搜索相关资料以及北京大学中国语言学研究中心 CCL 语料库的语言语料和一些影视资料，分析如下。

4.1　官腔

一提到官腔，大家就想到“商量商量、研究研究”这样的词语，官腔也有人称之为“说官话”。按照《现代汉语词典》的解释，“官腔”是指“旧时官场中的门面话，今指利用规章、手续来推托、责备的话”。而“官话”指的是“普通话的旧称。作为汉族共同语的基础方言的北方话也统称官话”。杨绍碧（2010）不赞成“官话”就是“官腔”的说法，他认为官话是官方的语言，“官话”与“官腔”存在着区别，官话过于“艺术”，那就成了“官腔”，就是愚弄善良、糟蹋信任。

我们在这里要讨论的是“官腔”，而不是“官话”。

4.1.1 来源

有关“官腔”的起源，实之（2003）说：“官腔官调很早就有了，而且发明权为那些官府衙门里做官当老爷们的所独有。这种东西，毒气太大，流播也广，迄今在某些干部中已受到感染。”“官腔”的表现，“通常是在人际关系或工作关系中，善于说废话、大话，办起事来无一落实之处”。朗遥远（2011）说：“中国官腔源于何时，现已无从考证。古代人中了举人或状元就会被皇帝钦点为大大小小的官吏，他们饱读诗书，上的奏折是文言文，说的话也是文绉绉的，是不同于下里巴人的阳春白雪，久而久之大概就变成了官腔。”

笔者在北京大学中国语言学研究中心 CCL 语料库里，查找出来的有关“官腔”的文献（古代版）只有 11 条，例如：

（1）一双眼看了鼻尖，拿官腔说了两句淡话，自先起身，往外一拱。众人看了这个光景。（明《醒世姻缘传》）

（2）他原是最坏不过的，看见陶子尧官派熏天，官腔十足，晓得是欢喜拍马屁、戴炭篓子的一流人。（清《官场现形记》）

（3）上海道吴建章、上海县袁梓材两个，胆子较大，还在口里打着官腔，大喊拿人。（民国《大清三杰》）

由此可见，明、清、民国时代的小说里面就有“官腔”这个词和概念。其中，明代有三例，清代有六例，民国有十一例。比这些时代更早的宋代，CCL 里面只有一条来自《全宋词》的例子，例文如下：

（4）犹记春风庭院，桃花初识刘郎。绿腰传得旧官腔。自

向花前学唱。（《全宋词》，仇远《西江月》）

这里需要注意的是,《全宋词》例子里出现的“官腔”并不是贬义。

4.1.2 官腔的特点

朱铁志（2003），对官腔有三点体会：（一）尽量说大。例如，把种西瓜问题扩大到能否贯彻党的农村工作政策，实现跨世纪宏伟目标的大事情。（二）全面观：不仅要种好西瓜……还要搞好农田水利基本建设。（三）变戏法。能够把辩证法演化为庸俗变戏法。

石振国（2004）则把官腔归纳为韵律美、力量美、层次美、朦胧美四种美。

一是韵律美：领导正在接电话：“哈哈……哪里，好的好的……唷嗬……嗯嗯”。

二是力量美：有位领导对台下的听众说：“在机遇面前，我们一定要以发展的责任感促使我们思想上的大转变，……唤起改革的大动力,从而取得我县各项事业的大发展。”台下掌声雷动,欢欣鼓舞。官腔有时被表现得充满生力。

三是层次美：官腔不是随随便便脱口而出，而是经过反复推敲、精心琢磨。

四是朦胧美：领导不无感慨地说：“教训是非常深刻的（如何非常深刻？），我们班子成员都有责任（责任到底在谁？）。这件事我们要一查到底（具体怎么查？），把损失降到最低限度（何为最低限度？）。”

山海关（2008）指出，“官话就是不实际的话、虚话、套话、假话，模棱两可，瞒天过海、漂亮、慷慨、激昂，有时还可以煽情”。

陈程《从会话合作原则看“官腔”》(2010)从“套话与空话”“高高在上”和“推诿”这三个方面与格赖斯(Grice)会话合作原则进行探讨。他指出，官腔是把小题大作的空话，“牵强附会，使人难以理解，违背了关联原则”“认为自己高人一等，有权力优势，对别人的问话爱理不理”最后结论为：“官话严重背离了人们参与交谈的公认目标与方向，所以遭到人们普遍的厌恶与排斥。”

王志平(2007)讨论了打官腔和八股文的原因。官话官腔和八股文章令人深恶痛绝，为什么一些领导干部却乐此不疲？原因有二：一是自认官话规范严谨、高贵优越、威风气派、适合领导，而民语用词粗糙、语境不高、庸俗欠雅、不可多用；二是打官腔行八股既可以居高临下、冠冕堂皇，又可以规避风险、装腔作势、塞责敷衍、借以吓人。

但我们也看到有观点认为“打官腔”一要对下属的优点给予适度的褒扬，使下属心理上有成就感；二是谁都有犯错误的时候，下属把事情办砸了不要摆起架子声色俱厉地训斥。

从这里我们可以看出，官腔不只是一个劲地威胁下属或他者，时而也会做出表扬。

4.1.3　语言方面的表现

官腔是官僚讲话时的一种特殊腔调，笔者从网上搜集了一些官话套语，主要有如下语言表现形式：

(1)同志们，今天，我们在这里召开的×××会议，我认为是十分必要的，这对于×××工作的开展，具有十分重要的指导意义。

(2)第一……，第二……，再者……，然后……，最后……，再补充……

（3）语气词：“嗯”“啊”“嘛”等等。（杨绍碧 2010）

由上可见，官腔多用在一些官僚开会、宣布决定、总结发言时。

官腔有书面语和口头语。口头语有几个层面：一是语言；二是内容；三是态度。语言方面有：1. 语气；2. 音调（高昂）；3. 拉调（韵律美）；4. 激昂（力量美）。语法方面：1. 总结性的构造（层次美）。内容方面：1. 套话；2. 空话；3. 假话；4. 说得漂亮；5. 模棱两可（朦胧美）；6. 文绉绉。态度方面：1. 摆出一副高高在上的领导形象；2. 装腔作势；3. 塞责敷衍；4. 借以吓人；5. 规范严谨；6. 发号施令；7. 推诿。

4.1.4 官腔的语言和态度（非语言行为）

为了更进一步了解官腔的语言特点和行为方面的表现，笔者利用了北京大学现代语言语料库检查，得出 127 条例子，下面分类列举代表性的例子。

表 16

	语言	体态语（非语言行为）
A 打官腔	1. 他却打官腔地说道：“我不能反映，我只能执行决定。” 2. 打官腔的借口，亦不应当钻法制不完备的空子，借口无法可依。 3. 那位领导听罢没有吭气，只是“嗯嗯”了几声，那种官腔。 4. 他总觉得我是在跟他打官腔，说我一心只向着合资企业，不替老区的乡镇企业着想。 5. 他随口回答：“这事你找财务科嘛。”“吴厂长，你怎么打起官腔来了？这笔款子怎么能找财务科？” 6. 拿会议室和茶馆的语言相比，前者大都经过矫形或化妆，多数是官腔；后者比较本色，近于人话。	1. 办起事来，哼哼哈哈，官腔官调，一人能办的事让你绕几道弯，拖着长声他最反感打官腔，“绕弯弯”“踢皮球”。 2. 打官腔，把“以身作则”变成了“以声作则”。 3. 那种官腔带有明显的摇头打着官腔道：“那可不行。俗话说得好，学得文武艺”。 4. 这种装腔作势，清楚说明官腔是怎样被用来破坏人与人的一切联系。 5. 他刚才高傲的官腔。 6. 抓住他的是一个高大强壮，穿着红色上衣和绑腿打着官腔的人。

（续表）

	语言	体态语（非语言行为）
A 打官腔	7. 为了面向全国读者，叙述部分用普通话自不在话下，对话也尽量不打官腔，偶尔插进一两个上海方言词点缀本地风光。 8. 对这个邮局职员吹毛求疵打官腔感到不满。 9. "别打官腔儿了！开门见山吧！" 10. 他那个时候就会打哈哈，打官腔了。 11. 那少主 30 不到，身材不长，气态不俗，二人均操一口北京官腔。 12. 处长很年轻，但是也会打官腔，强调了一下改革开放所面临的困难。 13. 那个老气横秋的官僚校长将我找到他的办公室去，用十足的官腔指责了我几句。 14. 人家跟他打官腔，说需要讨论讨论，又说短时期内根本排不到议事日程上。	7. 那少主 30 岁不到，身材不长，但气态不俗，二人均操一口北京官腔。入住此公馆后，少主从不外出，每日在家读书作文。 8. 新部长们照旧发表了准备好的讲话，明明已经看到本人，依然拉起官腔问道："哪位是杭州来的胡道台？" 9. 坐在大沙发里打打官腔的派头与它无关。 10. "哼，他们懂得啥茶道？只晓得在办公室会议室抱着茶杯泡时间、打官腔！" 11. 赵尔泰摇头打着官腔道："那可不行。" 12. 他刚才高傲的官腔。 13. 我可只有你这一条路，倘若你打官腔，关门，那么，我跟你们这班大官的一切关系就算全部一刀断。 14. 王显点点头，官腔更重："你这么想就对了。"
B 不打 官腔	1. 他没有官腔，讲话直率，坚毅和力量都深埋在爽朗的笑声里。 2. 她不打官腔，不兜圈子，把话讲得很白、很透，直截了当。 3. 丛副省长当天就对批评报道做了批示，而且批示一点没有"官腔儿"，敢于面对问题，一针见血地揭示问题所在。 4. 对党外朋友要坦诚相待、不打官腔、虚心求教、热情关怀。 5. 听言谈，朴实无华，直来直去，没有一丝官腔官调。 6. 他摆脱审问的官腔。 7. 别打官腔，回答我的问题。	1. 这些领导同志到了大学，不要官腔，不说套话，没有架子，一派务实作风。 2. 定大爷不要官腔，这叫二哥高兴；定大爷没有三四品官员的酸味儿。 3. 刚才虽然官腔十足，现在却像是变了个人，连笑都显得亲切。 4. 他不好再打官腔，流露出真情。

从表 16A 打官腔第 7 例子来看，官腔是普通话，第 8 例子说是吹毛求疵。体态语 A 第 3 的例子一半是语言特点的例子。打官腔时，

官员总喜欢以“俗话说”之类开头，以显示自己的知识。B6 告诉我们，官腔带着“审问”的口气。总之，官腔的语言特点：不直截了当，不热情、陈腐、虚假，有时指责，拖着长声。体态语方面：打官腔的人喜欢摆架子、坐在沙发里闲着喝茶，高傲、冷漠轻视、不露真情等，但也有“穿着整齐、气态不俗、喜欢读书”等正面形象。

4.2 娘娘腔

“娘娘腔”在《现代汉语词典》里没有解释，“互动百科”的解释如下：娘娘腔，是指男人像女人那样细声细语说话的声音和腔调，多指男性的行为举止女性化，和古代中国的“娘娘”相似，故得名“娘娘腔”，常用作贬义。

在日本，男性如果表现出“女性化”，并用女性化的语言去说话，那么这种语言被称为“オネエ言葉（御姐语言）”，也可以称作“伪姐话”。由于日语的性别差异比较明显，所以男性可以利用“わ（wa）”“よ（yo）”“なの（nano）”等日本女性语气词和“あたし（Atashi）”等女性自称词来模仿女性说话。以前，男同性恋者使用“オネエ言葉（伪姐话）”的人比较多。现在日本媒体上常常出现通过说“伪姐话”来逗趣搞笑的艺人，受到人们的欢迎，所以伪姐话已经不再是同性恋者说的“独门用语”了。笔者通过观察日本的“伪姐话”现象发现，像日本传统插花师、化妆师、外语翻译学校老师等职业男性，因为接触女性的机会比较多，他们的说话方式往往受周围女性语言的影响，变得细声细语，带有女性语气词。不过，在实际生活中，现代日本女性使用女性语言的情况越来越少。

日本伪娘的表现除了语言也包括化妆、发型、穿着、举止、眼神等各个方面。但总体而言，日语女性语言拥有丰富的语言特征，

“伪姐话”也有明显的语言特征，这可以说是日语的角色语言之一。从互动百科的解释来看，汉语“娘娘腔”虽然带“腔（说话的腔调）”这个语素，但主要表现在行为方面，截至目前，还没有研究者描写出语言方面的特征。本书旨在通过文献和网络上的资料和视频，来分析探讨汉语娘娘腔的语言特征。

笔者认为中国的男性女性化可以从以下五个角度来探讨：

第一，汉代萌芽，魏晋南北朝时期流行的“男扮女装”；

第二，传统戏剧中的“反串”；

第三，男性假托女性所写诗词等文学。例如，六朝宫体词，五代十国时代《花间集》，晚唐的温庭筠《菩萨蛮》的“懒起画蛾眉，弄妆梳洗迟”；

第四，“娘娘腔”所指的影视作品中的“太监”和现实生活中的某类人所用的语言；

第五，受日本动漫和游戏的影响，主要是男性 cosplay 的“伪娘”现象。

上述五个角度在本书当中无法全部探讨，本书旨在通过文献和网络上的资料和视频，来分析探讨汉语娘娘腔的语言特征。

4.2.1　来源与男扮女装传统

“娘娘腔”一词，在 CCL 古代语料库里只有一条例子：“李次贤虽有些娘娘腔，却也合乎要求，怎能罚他。”（民国小说《武宗逸》）。由此可见，民国已有“娘娘腔”一词。在中国历史上，男扮女装的传统和女性化男性的表现主要来自五个方面：一是古代男扮女装（郑秀亮 2010）；二是中国戏剧的反串（陈志勇 2005，徐蔚 2007，胡颖佳 2012）；三是以宦官太监电影为代表的古代娘娘腔；四是现代贬义词的娘娘腔；五是“伪娘”。“伪娘”是这几年随着日本 ACG （animation，comic，game）和 cosplay 文化传到中国后诞生的一种现象。比如 2010 年在湖南卫视“快乐男声”节目上，女性化形象十足的男性参赛者刘著一夜成名，让“伪娘”一词一度成为社会热词（张明辉 2011）。

陈志勇（2005）说，在中国“男扮女装”的萌芽在汉代《汉书·郊祀志》中就有记载。该书中有“紫坛伪饰女乐……”的记述。郑秀亮（2010）说，魏晋南朝有男扮女的风俗。“曹植每次会见朋友前，都是往脸上扑扑粉，使脸色看起来比较白净，然后再见客。……魏明帝就是‘好妇人之饰’，喜欢在胸前戴着珊瑚做的珠串，戴着超萌的绣花帽子。”六朝的刘宋歌舞戏《踏谣娘》中也记载着：“丈夫着妇人衣徐步入场行歌。”宋元时期是中国古代戏剧真正形成的历史时期，伴随着角色体系的建立，出现了角色反串的有趣现象。

虽然“娘娘腔”这一词来历不明，但宋、明、清时代的戏剧里，已经出现了男扮女的反串角色，不难想象，在那个时代，模仿女人细声细语的女性化语言应该已经出现了。

4.2.2 娘娘腔的特点

“娘娘腔”有以下特点：（一）娘娘腔是指细声细语说话的声音和腔调，多指男性的行为举止女性化；（二）常用作贬义；（三）“娘娘腔”是指声调和语气像女人的男人（张明辉 2011），也就是说娘娘腔是男人，不仅是指语言。张明辉把娘娘腔和伪娘、反串、人妖等词语分开对比总结，她把“娘娘腔”定为：具有 [- 正常][+ 男性][？美貌][？青年] [- 表演] 的语义特征。根据最新的酷儿理论（Queer theory），张明辉用的“正常”“不正常”这个词不合时宜。（四）从网络作文、博客、百科知道里得到的对话资料，娘娘腔的语言特征如下：

（1）语气词：“哎呀~你怎么这个样子啊……”

我们班的“娘娘腔”2011-01-29【范杨　作文网】

（2）语气词的多用：我们班有一个娘娘腔，受不了，怎么办，他问我要东西的时候，老嗯来嗯去的，或“啊嘛”，难听死啦。

2011-05-12 16：43 提问者：4451618005【百科知道】

（3）自称词：“麻娘娘”羞答答地说：“人家还没做到这题呢，还不让人家想一想啊。”

（4）××死了：“啊呀，钱哲，你一个大男生还耍赖，你坏死了，讨厌！”

（5）柔软的体态：“麻娘娘”扭扭捏捏地站起来，然后支支吾吾地说了……

（6）引起负面影响：“麻娘娘”的语言让我们全班震惊，男生们做出了呕吐的动作，女生们则笑个不停。

（3）-（6）我们班的“娘娘腔”2011-01-29【范杨　作文网】

（7）衣着，化妆：穿上艳丽的裙子、网袜、高跟鞋，抹上血红的指甲油，套个大波浪的假发，涂厚厚的粉，腮红、唇膏、假睫毛……

（8）翘着兰花指：走路时把屁股扭起来，然后翘着兰花指尖起嗓子说：“讨厌……你……呵呵……”这绝对是男人装娘娘腔亘古不变的套路。

【洋洋　博文“娘娘腔是项技术活】

从这里看出，“哎呀”“嗯”“啊”“嘛”等语气词和作为自称词的“人家”是娘娘腔的语言特点。曹志赟（1987）通过对张辛欣、桑晔的口述实录文学《北京人》中的十篇话语材料进行统计分析后发现了对语气词运用的性别差异。男女性使用语气词和陈述句、感叹句不相上下，疑问句、祈使句则有较大差别。在疑问句中，“吗、呢、吧、啊”等语气词，女性大大高于男性。女性 82 句中语气词出现了 59 次，平均为 72%，男性 141 句中，语气词出现了 46 次，平均为 33%。祈使句中，女性使用语气词的频率也大大高于男性。此外，主语后用“啊”的现象，女性也比男性多，表示列举用“阿、啦”等似乎更具女性特点，而男性如果这样用，则显得有些婆婆妈妈。此外，用“阿、啦”的青年女孩子比中老年女性要多。

李清（2006）指出：在感叹词的运用方面，女性同样也倾向于使用这类带有浓厚感情色彩的词。“哎呀，你这”“天哪”“哇塞，帅呆了！”在这类句子中，女性常用感叹词来呼应对方，如“啧啧”表示赞叹，“唉”表示同情，“哦、哦”表示同意许可，“哎呀”“哎哟”表示遗憾，“天、天哪”表示惊奇等。

笔者 2011 年通过口头禅调查发现，有些中年男子认为，女孩子喜欢用“讨厌”，这里面既含有责怪又含有害羞的语气。我们发现汉语娘娘腔也利用了女孩子语言，具有夸张的女性语言的特征。

“× × 死了”这句型也是剧作家塑造年轻女孩子常用的句型。例如，《田教授家的 28 个保姆》的第 5、7、9、10、13 集里，年轻女孩角色用“恶心死了”“难看死我了”“吓死人啊”“烦都烦死了”“重死了”“你说好看死了”等例子。从这里可以看出，娘娘腔语言方面的特征是从年轻女性用语借来的。

我们再在视频资料中分析一下。2009 年央视春晚，小沈阳凭借小品《不差钱》一举成名，而其当时深入人心的角色形象，主要是“娘娘腔”的形象。小沈阳扮演饭店服务员：

（1）语言特征：“人家是纯爷们。”（自称词“人家”的使用）

（2）说话温柔文雅；

（3）语气词的使用：“咯”“我的妈呀”“照个相呗”“嚎～”“哦了”；

（4）“太可恶了”；

（5）衣着：穿裙子（虽然他解释他穿的是苏格兰衣服）；

（6）手指动作温柔；

（7）两脚尖朝向内侧行走，PIAPIA 地走。

【2009 春晚小品《不差钱》】

笔者询问出生在东北的中国人，小沈阳的“嚎”是否是东北方言语气词时，这位东北出生的女性回答道：“它不是东北方言，是小沈阳的创作。”

我们再看下面的视频例子。有些网络视频也展现了“娘娘腔”特有的一些表现。《娘娘腔 style（new）》【深圳卫视《媳妇的美好宣言》宣传预告】

（1）动作：把小手指往后面温柔竖起，做了翘兰花指的动作；

（2）动作：把头发挽在耳朵后面的动作（摆弄头发）；

（3）吃惊或者哭泣的时候，把双手合拢在嘴唇的前面；

（4）两脚尖朝向内侧行走；

（5）抛几个媚眼；

（6）生气的时候，摇头说“哼”。

这段宣传预告片有背景音乐和情节解释，但没有演员的声音，只能观察出来男主人公的兰花指，把屁股扭起来走路，摆弄头发，抛媚眼，说“哼”，这些都是娘娘腔的表现。

再看电影和其他的例子，在“洋洋”的博文“娘娘腔是项技术活”里，她列举娘娘腔的代表人物：

（1）电影《非诚勿扰》冯远征饰演的角色带着温柔的微笑说：“讨厌……你……呵呵……”，那种所谓的腔调，都是细微的，从心里散发出的表情、眼神、动作，都不是侵略性的。

（2）《霸王别姬》中葛优饰演的袁四爷。那阴柔、阴险的气儿就从那俩小眼珠子里一直往外冒，弄得人心里发毛。声音略尖，也软，用鼻子哼哼着发气声。

（3）《李莲英》中的姜文，声音也不刻意拔高，而是沙哑中带着河北口音。

（4）李玉刚的舞蹈扮相、眼神，尤其是贵妃这类华贵、艳丽的“女人”，形容为国色天香也不为过，一颦一笑阴阳难辨。

从上面的例子可以看出，人们写作文，拍电视剧、电影等都充分利用了有姿有声的“娘娘腔”特点，这就是金水敏（2003）所说的“角色语言”。

4.2.3 语言和态度

我们下面看北京大学CCL语料库（现代）中的例子，CCL语料库里与“娘娘腔”相关的共有38条。下划线是评价，粗字是语言和娘娘腔的特征。

（5）人这么一说，呼二豹立即改口说：“就是，圈爷这人，娘们们的。娘娘腔不说，走路还一扭一扭，指头还老翘着，浪不叽的，没个男样！”（李佩甫《羊的门》）

（6）男性对女性化同样感到恐惧，怕人说自己有“女人气”“娘娘腔”。（社会科学　李银河《女性主义》）

（7）在传统的男权社会中，同性恋恐惧症和娘娘腔恐惧症非常厉害，根本不能想象电影中会出现这种温柔可爱型的男性。（社会科学　李银河《女性主义》）

（8）在秦桂贞的印象中，唐纳斯斯文文，讲话软绵绵，有点“娘娘腔”。他常常坐在窗口那张桌子上写东西。（叶永烈《恩将仇报的“蓝苹小姐”（上）》载《作家文摘》\1996\1996A）

这里跟4.2.2一样，描写的男性形象都“不像个男样”，具有“指头翘着，一扭一扭”等同样特征，除了这些以外，语料库里，也有（8）里描写的“斯斯文文”的读书人形象，这让人联想到娘娘腔。

4.2.4 娘娘腔和男扮女概念的演化

中村桃子在日语性别语言研究上独树一帜，在她的《从性别角度研究的语言学》一书里写道：“近年社会语言学的观点有所变化，即语言不是折射着社会，而是语言造出社会”“每一个人利用语言资源来造出自己认同”。（中村 2010）

娘娘腔和“伪娘”现象

2010 年四川男孩刘著参加快乐男声引起社会关注，他在中国媒介首开“伪娘”先河。他曾参加的一个娱乐节目叫《lady 呱呱》。在这个节目里主持人描写他的语言是“声音嗲里嗲气的”，她们看了刘著 5—6 岁时候的照片，发现他已经把手交叉着坐，身材娇柔，声音很细。虽然他说话有细声细语的娘娘腔特点，但他已经不用那些“人家、讨厌”之类的夸张的女性化语言。刘著自己说：“某些方面是女生，某些方面是男生的”，不过他对主持人有关“是否是同性恋”的提问，刘著并没有给予回答。

酷儿理论打破了同性恋和异性恋非此即彼的常规，蹦出了第三性别的个体。任何一个人都可以选择自己喜欢的性别。目前国际医学会和世界保健机关也已经不把同性恋认为是“异”“倒错”“精神疾病”“治疗的对象”。喜欢女生还是男生完全属于个人的选择，刘著表现了“新时代的娘娘腔”，不是令人恐惧或嘲笑对象的娘娘腔。如今“娘娘腔”已经不是个贬义词了。新词的产生等于新的概念的产生。这就是中村桃子所说的“语言创造社会”的一个例子。

2012 年 11 月，第二部 TVB 台庆剧《大太监》开播，演员的语言没有以往太监的娘娘腔，引起了争论。宦官是中国特有的存在，以前人们认为他们不男不女，从而给予其“娘娘腔”的代表之一的形象，一旦新的观念产生进入到中国，产生新词后，伪娘或者新娘娘腔的概念有可能预示着人们对前者的刻板印象已发生改变。我们关注娘娘腔这一词的演化，可以得知中国社会的进展和多元化。

4.3 学生腔（书生腔）和知识分子角色语言

“学生腔”又叫“书生腔”，这个词在老舍先生的随笔里有如下解释：

> 何谓学生腔？尚无一定的说法。在这里我并不想给它下个定义。不管怎么说，学生腔总是个贬词。那么，就我所能见到的来谈一谈，或不无好处。最容易看出来的是学生腔里爱转文，有意或无意地表示作者是秀才。古时的秀才爱转诗云、子曰与之乎者也。戏曲里，旧小说里，往往讽刺秀才们的这个酸溜溜的劲儿。今之秀才爱用“众所周知”“愤怒的葡萄”等等书本上的话语。

由此可见，“学生腔”有以下特点：

（1）贬义词。

（2）爱转文：诗云、子曰、之乎者也。

（3）老舍的时代（1930年代）学生腔用爱用“众所周知”“愤怒的葡萄”等等书本上的话语。

4.3.1 来源

通过查阅资料，笔者发现，有关学生腔的文章，很多都只是从指导高中生写作的角度来谈论而已（吴言明 2001），正面谈论“学生腔”的特点或来历的文章并没有。“学生腔”这一词在北京大学 CCL 现代语料里只有 10 条，在汪曾祺和王蒙等当代作家的作品当中虽然偶有出现，但“书生腔”在CCL语料库里只有一条，出现在 1995 年发表的文章《李顺达：坐在毛主席身边的农民代表》里。

4.3.2　学生腔的特点

学生腔有什么特点，我们先来看看文献和网络上的资料：

（1）学生腔的一个显著特征，就是文章脱离实际。固守校园、整天埋头书本的学生，由于对外界的情况知之不多，或者根本不了解，所以写起文章来只能是从书本或老师的讲义中去寻章摘句。（熊志超）

（2）空话、假话、套话、大话、废话太多，真情实感太少，更无个性与灵气可言——一言以蔽之曰：“学生腔”太浓。（吴言明 2001）

（3）1960 年代末，我高中毕业回村当生产队长，由于满口学生腔而出了洋相。那是在一次劳力生产动员会上，我以教训人的口吻说话，做出的生产规划华而不实，方法措施空洞乏力，而且还用了一些专业术语，社员们听得发腻……我改变了说话的语气，并穿插家乡人常用的歇后语，好不容易才完成了讲话……从此，我真正认识到，要带领村民致富，就要打掉学生腔，深入村民当中，和他们贴心交流，取得他们的信任 。（蔡恩泽 2012）

从这里可知，刚毕业进入社会的“社会新鲜人”，以教训人的口吻，或用专业术语来与人交流，导致农民听得发腻。所以如果要接近村民就得改变口气，要用方言，或者家乡人常用的语言，来让交流更顺畅。

（4）毕业后当记者的毕业生告诉过笔者，他刚刚毕业担任经济部记者的时候去商业街采访时，用了学生时代的口气来采访那里的老板，“请问一下……”，但商业街的老板们并不理睬他，而他用了粗鲁的方言来直接提问的时候，老板们竟然回答了他的问题。笔者认为，过于礼貌的态度应该也是一种“学生腔”。这是笔者学生身上发生过的一个例子。

（5）“如果一篇文章，一个演说，颠来倒去，总是那几个名词，一套‘学生腔’，没有一点生动活泼的语言，这岂不是语言无味，面目可憎，像个瘪三么？”

（毛泽东《反对党八股》）

毛泽东的语言很生动，连文化水平不高的人也能听明白。从这里看出，学生腔和前面探讨的官腔有相似的地方。

（6）学生腔总是不经心地泛泛叙述，说得多。

写文章要对读者负责，必须有层次，清清楚楚，必须叫读者有所得。幼稚，也是学生腔的一病。

所谓学生腔者，并不一定是学生写的。有的中学生、大学生，能够写出很好的文字。一位四五十岁的人，拿起笔来就写，不好好地去想，也会写出学生腔来。写文章是费脑子的事。

（老舍《学生腔》）

（7）就业活动中的例子：“久闻贵单位……”“给我一个机会，还您一个惊喜”，类似这样的求职语往往会在大学生的求职信中出现。重庆得邦人力资源管理公司总经理朱源明曾说，这些明显带有学生味的语言往往会遭到考官的否定。

【求职信应避免学生腔】http：//arts。51job。com/arts/05/303510。Html

朱源明分析指出，不少用人单位都希望招到有一定社会实践经验的人才，并为之所用。这种学生腔可能会导致招考官对你社会实践能力的否定，失去成功的机会。他们认为此类语言还会显得很虚伪，“贵单位”是哪个“贵单位”，用人单位不喜欢这样的方式。

4.3.3　语言方面的表现

“学生 / 书生腔”的例子，在北大 CCl 语料库里只有八条，古代版没有。

（1）做材料的人太疏忽大意，李顺达是太行山里一个没文化的老农民，一点书生腔都说不出来，可是材料里揭发他的“反党言论”却是书生腔十足的话，和李顺达这个人对不上号。

冯东书《坐在毛主席身边的农民代表》，载《作家文摘》1995

（2）但他们稚气未消的脸庞和学生腔表明了他们的真实身份，他们是利用暑期自愿到各单位参加锻炼的大学生。

《人民日报》1996 年 9 月

（3）指挥员真像指挥员，季刚等战士真像战士，让人感到亲切、实在，没有学生腔与文人气。

《读书》

（4）研究延安文学不能只着眼于去掉学生腔，学习工农语言；更重要的是改变对世界的感受方式。

《读书》

（5）自然，用学生腔的语言仍可以写这一路作品，可是文绉绉的终究不般配。

《读书》

（6）想要口语化，那就少不了方言土语，包括北京土语，否则仍是一副学生腔。这是无可奈何的事。戏剧因观众复杂，不能不用通行语。

《读书》

（7）叙述语言要接近农民；写市民，叙述语言要近似市民。小说要避免“学生的腔”。

汪曾祺《沈从文先生在西南联大》

（8）他说话快，口齿和条理太清楚，一听就是学生腔。

王蒙《名医梁有志传奇》

从这里看出，学生腔是文绉绉的，有文人气，不是农民的口语也不是方言，跟农民语言、延安文学在不同的层次上。

4.3.4 学生腔和知识分子语言

上面所提到的第五个例子，提到学生腔“文绉绉”。“文绉绉”常常形容人谈吐举止文雅，本不是贬义，但在社会族群中文盲比较多的时代，为了推动革命，如果知识分子用文绉绉的话语，农民们一般很难理解华丽的辞藻和专门用语，听着发腻，甚至会产生反感。

笔者认为之所以“学生腔”变成贬义，是这种知识分子的语言和农民的文化水平之间存在差异，进而形成了一种“交际妨碍”。

笔者观察了电视剧里面的知识分子角色的语言特征发现，剧作家为了塑造知识分子的语言，除了让知识分子多用成语以外，还使用丰富的典故。下面以从 1990—2010 年播送的五部电视剧为例证明。

首先，以 1991 年上映的 25 集电视连续剧《编辑部的故事》为例。这是中国第一部电视系列喜剧，故事发生在位于北京某处的《人间指南》编辑部，聚集着六位性格各异的文化工作者，所以他们说话中常常插几句中国古典诗词。

（1）陈主编：夕阳无限好（唐李商隐《登乐游原》）

（第 1 集）

（2）戈玲（编辑部年轻女记者）：贤能不待次而举，罢不能不待须而废。

《荀子·王制》（第 1 集）

得十良马，不如得一伯乐

《吕氏春秋·不苟论·赞能》（第 2 集）

（3）李东宝：天下唯女子与小人难养也。

《论语·阳货》（第 2 集）

就像荷花一样，“出淤泥而不染”

宋·朱敦颐《爱莲说》（第 3 集）

（4）刘书友：名不正则言不顺

《论语·子路》（第 2 集）

名副其实的文艺工作者，每个角色的台词里都有引用四书五经和唐诗宋词的语句。

再看2009年受到人们欢迎的一部电视剧《蜗居》。故事发生在江州市房价升起的时期，名牌大学毕业生海萍和丈夫苏淳、妹妹海藻在江州一起打拼，但却买不起房子。然后海藻和市长秘书宋思明有了一段婚外恋。

（1）苏淳（海萍的丈夫）：“也许推开窗户就可以看见，海鸥低旋，波涛拍岸。”

（第1集）

“你没听见过这句话吗？消费要向欧美看齐，收入要向非拉看齐。这叫全方位地立体接轨，左牵黄，右擎苍，一只小手拉着发达国家，一只小手拽着落后国。”

宋·苏轼《江城子·密州出猎》（第6集）

（2）小贝（海藻的男朋友）：“独乐乐与众乐乐，孰乐？”

《孟子·梁惠王下》

“你为悦己者容，我已经悦了。”（士为知己者死，女为悦己者容）

《战国策·赵策一》（第2集）

（3）在第34集里，孙书记和宋思明谈“为官之道”，从这对话当中知道宋思明对《资治通鉴》十分熟悉。

宋：您这套《资治通鉴》是真版，这套是民国涵芬楼影印的《资治通鉴》，线装在市面上已经不多见了。价格不菲呀。

“那可不是我说的，那是《大戴·礼记》中的一句话，‘水至清则无鱼，人至察则无图’。”

（第34集）

我们再看，2003 年播出的一部电视剧《金粉世家》。故事描写的是北洋军阀统治时期，国务总理金铨的小儿子金燕西和平民女子冷清秋的恋爱悲剧故事。

（1）金铨（北洋军阀统治时期的国务总理）对他的儿子金燕西说：一个堂堂金家少爷没事儿跑到尼姑庵里去，这要传出来，金家的颜面何在？……读书如果不背书，那读书有何用啊？（第 1 集）

（2）金燕西在女学生们的面前朗诵柳永的《雨霖铃》：

寒蝉凄切，对长亭晚，骤雨初歇。都门帐饮无绪，留恋处，兰舟催发。执手相看泪眼，竟无语凝噎。念去去，千里烟波，暮霭沉沉楚天阔。多情自古伤离别，更那堪冷落清秋节，今宵酒醒何处？杨柳岸，晓风残月。此去经年，应是良辰好景虚设。便纵有千种风情，更与何人说？

（第 2 集）

汉语里面有“书香门第”这个成语。以前的中国社会，家里有万卷书，是知识的象征，即使是纨绔子弟也能朗诵诗词，而社会底层的人很少有机会接触到文学、诗歌。可以说，文绉绉的语气是官僚、大学生、书香门第的少爷、大家闺秀才有的独门优势。

笔者认为，“学生腔”为什么是贬义词，是因为老百姓不能深深感受诗意，不能够理解专业知识，结果对这种口吻产生反感。中国传统文学有“花间词”等审美传统，但老百姓理解不了其意境，就嫌弃而嘲笑，成为贬义词。娘娘腔、学生腔两个词都是贬义词。原因一是读书人和没有文化的底层人交际时产生了矛盾，从而产生了反感；二是一知半解的伪读书人说空话，令受众难以接受。

我们再看“纨绔子弟”的例子。2011 年播出的《北京爱情故事》，讲述了几个80后大学毕业生在北京的爱情故事。当中有一位人物叫程锋，他是大企业总经理的儿子，剧本为了塑造富豪公子程锋的说话特色，就用了“满嘴的典故”去塑造他。

（1）程锋：

“两情若是久长时，又岂在朝朝暮暮”啊。（秦观《鹊桥仙》）

人非圣贤，孰能无过。（《左传·宣公二年》）

百花丛中过，片叶不沾身。（汤显祖《牡丹亭》）

普天之下，莫非王土，率土之滨，莫非王臣。（《诗经·小雅·北山》）

会当凌绝顶，一览众山小。（杜甫《望岳》）

（2）吴狄（程锋的大学哥们儿之一）：天作孽，犹可违；自作孽，不可活。（《尚书·太甲》）

《编辑部的故事》的编剧是马未都、王朔、冯小刚，《蜗居》的编剧是六六，《金粉世家》的编剧是李兆熊，《北京爱情故事》的编辑是陈思成、李亚玲，是不同时代的人。但他们为了刻画读书人、大学生的形象，都让自己剧本里的登场人物“满嘴四书五经、唐诗宋词”。《金粉世家》里如金燕西那样一百年前的少爷如此也许恰当，但连《北京爱情故事》里的80后大学生程锋也讲中国古典语句，就有点故作姿态、卖弄渊博的感觉了。另外，这种知识分子式的“角色语言”，集中在电视剧头几集里出现，笔者猜想这可能是编剧想让观众比较早地了解登场人物的角色的缘故吧。

又如鲁迅写的《孔乙己》：

（1）他（孔乙己）对人说话，总是满口之乎者也，教人半懂不懂的。

（2）孔乙己睁大眼睛说：“你怎么这样凭空污人清白……”

（3）接连便是难懂的话，什么“君子固穷”，什么“者乎”之类，引得众人都哄笑起来：店内外充满了快活的空气。

笔者在中国的大学里接触到的80后、90后的大学生，或者研究生和老师们，他们都有程度不一的古典知识，但在平时的讲话中，几乎听不到这类话语。通过调查表明，日语的“役割语（角色语言）”并不一定在自然语言中存在，而主要是在创作中，为了描写特定的模型人物而使用。这种表达方式，通过教育、媒体、戏剧、电视剧等反复使用而固定化，最后人们继承了这种虚拟现实的日语。从上面的例子来看，“之乎者也”和“巴山夜雨涨秋池”的唐诗宋词式的语言，通过电视剧等传媒的反复使用，从而形成了汉语的“知识分子角色语言”。

2011年，在日本曾出版了一本相关角色语言的研究专著《役割語の展開》（角色语言研究的扩展），在第4部的“丰富多彩的角色语言”里面，山口治彦指出，美国电影中，中国人的角色常常说一口从“汉语成语翻译过来的语言”，这和在美国中餐厅用完餐，用于饭后送人的“幸运饼干 fortune cookies 里面的神签语言”很像，所以叫作“幸运饼干格言”，这是美国电影当中的中国人形象。这也可以说，“显示语言才华和古代知识”成为一种中国人的世界性角色。

还有值得一提的是，现代城市生活电视剧里面的精英角色的台词里常常夹杂着英语。例如：

（1）电视剧《北京爱情故事》里，从美国留学回国的海归女强人伍媚说“Relax 一下”（第8集）、“Bingo（没错）！晚餐时间没有到”“再说了。这个case（案子）不是一般的case”（第11集）等。

（2）电视剧《爱情公寓》大学教师的菲姐子说“Go，go，go，go，go.”“十分钟后到总部开会，Over！”（第1集），乔说“OK，no problem.”（第2集）

这样中英文夹杂的例子不胜枚举。

这正如笔者2009年进行的“中国年轻男女的口头禅及其区别”调查所显示的结果那样，年轻女大学生的回答中有fit，oh my god，gosh~~，really，go your way，what等英语类的口头禅。

4.3.5 日语“书生语言”

金水敏先生在《书生语言的历史研究》（2010）一文中说，日语书生语言是在明治时代（1868—1912）以来，以日本各地来到东京的大学生语言为基础发展起来的。后来它作为新时代的一种男性规范语言，受到日本社会的欢迎。日语近代“男性语言”的出现与书生语言很有关系。日本男性语言的特征主要表现在自称词，断定形式，疑问形式，句末语气词，命令、依赖、禁止形式，感叹词等涉及语法的方方面面。日语女性语言也是基于明治时代的女子学校学生语言发展起来的。不过与日本公众愿意模仿大学生语言不同，中国的学生腔和娘娘腔、官腔都是贬义词，并不是公众模仿的对象。

第五章　角色语言和体态语

在第四章，我们探讨了汉语传统角色语言——“官腔”“娘娘腔”和“学生腔”。通过对汉语传统角色语言的分析，我们发现其有两大特点：第一，这些词常用于贬义词；第二，这些词语都不仅表示语言，还表示非语言行为或者说体态语，甚至表示“人”的类型。

体态语研究是中国在20世纪80年代兴起的一门学科，术语也有几种，有的学者把它叫作“体态语”，有的学者把它叫作“身体语言”，也有的学者称其为“非语言行为”，或“体势语”“肢体语”“态势语”等（李庆祥 2008）。笔者在中国知网通过搜索主题关键词，发现有关体态语的论文信息有672条，有关身体语言的有197条，非语言行为的有138条。我们在这里以体态语为术语来谈论。

在几乎所有相关体态语的论述里，皆引用了伯德惠斯特尔（Birdwhistelle）和艾伯特·梅拉比安（Mehrabian）的研究。前者指出：文化背景相同的两个人在交谈时，由语言传递的信息仅占35%，而其余的65%是靠手势、动作以及讲话人与对方的距离等语言以外的手段来实现的。美国心理学者艾伯特·梅拉比安指出：在人们的交谈中，说话本身的分量只占7%，副语言占38%，面部表情占55%。在人们的交际中，无论语言和非语言的信息量到底如何，体态语作为传递信息、交流思想的工具的重要性，已经获得了普遍共识。

按照董珍兰（2006）有关中国体态语的定义先行文献的总结：

（1）熊征宇：“体态语是由人的面部表情、身体姿势、肢体动作和位体变化等构成的可视化符号系统。”她认为体态语由体势、

体触、体距三部分构成。（《体态语和礼仪》，中国经济出版社，2005）

（2）耿二岭：“我们把手势、身势、面部表情和眼色以及沟通者和接受者空间位置关系等一系列与沟通者和接受者的身体姿态有最直接关系的伴随语言手段，称为‘体态语’。”（《体态语概说》，1988）

（3）董世福、刘永发：“把用眼神、面部表情、手势、身姿动作、人际距离等来传递信息、表达感情、进行社会交际的方法和手段称之为体态语。”（《试论体态成语》，1995）

（4）郭伏良、吴继章：“人们交际时，不仅使用有声语言，也使用手势、姿态、表情、眼色等方式，这些通常称作体态语。”（《体态成语论衡》，1997）

（5）赵昆艳：体态语是人类通过面部表情、目光以及人体各部位的动作姿态来交流信息，表情达意的语言。（《论成语对体态语的借用》，2005）

比较以上关于体态语概念，我们可以发现虽然说法不一，但体态语包括的范围，所表示的语义，以及它的社会传播功能大体都是一致的。我们可以明确：体态语是通过眼神、面部表情、手势、身姿动作、人际距离等来传递信息、表达感情、进行社会交际的方法和手段。

贾玉新（1997）将“非语言行为（体态语）”总结为：

> 非语言行为包括言语行为之外的一切由人类和环境所产生的刺激，这些刺激对于信息发出和接收者都具有潜在信息价值或意义。非语言行为可能包括身势行为、手势行为、目光语行为、交谈时的身体距离、沉默行为、声音、语调、语音、绘画、图像、衣着打扮和人体姿态实物等。这些非语言行为都可以用作交流

信息，传递思想，表达感情态度，以及标志交际者的社会关系、社会地位。

此外，贾玉新还指出，非语言交际研究包括时间学和体距语、身势语、接触语、外表语、目光语、辅助语、美声语、气味语等领域。

马乔里·F. 巴尔加斯（Marjorie F.Vargas）说：对人交际，就是指最少在两个人之间进行的人类交往活动的过程。一个人是信号化的信息发送者，另一个人是其信息受信者。受信者通过自己的五官来接收信息刺激，利用自己经验的范围内解读发送者发送的信息。而“信息”是传达的信号，传达到受信者的时候变成了刺激，受信者或者听到，或感觉到，或闻到、尝到、见到。除了声音和语言以外，外貌、手势、眼神、接触、味道等，也可以促成人们的交流。（Vargas 1987：28）某种程度上，对于多半的非语言信息，受信者实际上是通过视觉收到的。如果语言信息和非语言信息之间存在着矛盾，我们会倾向于相信非语言行为。因为人们觉得，相对于语言，非语言行为是表露在外的东西，更值得相信。另外，人们相信非语言行为的另一个原因是，解读语言交际是人们学习的产物，对非语言行为的解读是“天生的本领”。

有关汉语体态语的研究，从 20 世纪 80 年代开始，学界陆续翻译出版了一批外国学者的著作，其中关于中日、中美体态语的对比研究，跨文化交际专著比较多。有一部分研究者在研究体态成语（专门以描摹体态，用体态动作表达定型意义的成语）分类中，提到了体态成语和人物描写之间的关系（董珍兰 2006，李丽 2008），还有一些研究表明了人们已经意识到体态语男女有别（刘文荣等 2002，魏晓红 2011），或者在大学校园文化中，存在着“用手指转动钢笔”，以及做出手势动作“V”型等非言语交际形式（魏晓红 2011），但上述研究均未涉及体态语和“角色语言”这个角度。

日语由于在性别、年龄、身份等方面的言语差异明显，比起汉语来，日语在现实生活或者虚拟世界中，角色和语言之间存在的对应关系更加明显。除了在4.2提到的日语“伪姐语”“书生语言”外，日语还有“老博士语言”“武士语言”“贵族语言”“乡下人语言”等，这些都是语言的概念。而如前所述的汉语“某某腔”的概念，相对于日语的角色语言，非语言行为的因素非常大。我们在这里要进一步讨论汉语体态语和角色的关系。

体态语既有在某一个区域内通用的，也有在世界范围内通用的。笔者通过观察和调查发现，在中国，人的动作和角色之间某种程度上存在着对应关系。我们在这里以三个动作为例，来讨论中国人的动作和角色语言的关系。这三个动作分别是：“背着手”“摆弄头发”“蹲”。

5.1 体态语（非语言行为）意识调查

在第四章，我们讨论了汉语传统角色语言“官腔”“娘娘腔”“学生腔”。那么这些词语的概念与什么样的体态语之间存在着联系呢。笔者从这个角度出发，假设动作“背着手”属于干部角色和古代书生、武将和老人（男性），“摆弄头发”属于年轻女性角色，“蹲”属于农民和农民工角色。为了证明这些假设，笔者进行了体态语调查。

5.1.1 体态语调查

调查方法：问卷调查。

调查对象：华中科技大学、中南民族大学、中南财经政法大学、中国地质大学、黑龙江大学、湖南公安高等学校、深圳职业学院等学校的学生。

网址 http：//www.sojump.com/jq/1928957.aspx（账号 liukuxiang 密码 mklaoshi）

调查时间：2012 年 12 月 6—13 日

回答总数：122 份　性别：男 49 人（40.16%）、女 73 人（59.84%）

年龄段：15 ~ 20 岁 59 人（48.36%）　21 ~ 25 岁 57 人（46.72%）　26 ~ 30 岁 2 人（1.64%）　31 ~ 40 岁 4 人（3.28%）

学历：初中 1 人（0.82%）　高中 3 人（2.46%）　大专 1 人（0.82%）　大学本科 97 人（79.51%）　硕士研究生 14 人（11.48%）　博士研究生 6 人（4.92%）

出生地：湖北 44 人（36.07%）　黑龙江 13 人（10.66%）　湖南 10 人（8.2%）　广东 8 人（6.56%）　河北、河南、安徽各 5 人（4.1%）　山东 4 人（3.28%）　福建、广西、内蒙古各 3 人（2.46%）

5.1.2　调查结果

表 17　第 1 题：什么样的人会常常“背着手”？（多选题）

选项	小计	比例
男	47	38.52%
女	5	4.1%
年轻人	7	5.74%
年龄大一些的人	88	72.13%
古时候的读书人	85	69.67%
武将	6	4.92%
领导干部	90	73.77%

（续表）

选项	小计	比例
老师	20	16.39%
老人	71	58.2%
小孩	5	4.1%
人次	122	

结果表明，选择“背着手”动作更符合“领导干部”“年龄大一些人”“古代读书人”等形象的人，占到了7成以上，选择符合“老人”形象的人占到了58.2%，“男”“女”的比率为“男”38.52%，“女”4.1%。可以说，我的假设获得了证实。

不过，笔者原先在一些电视剧和成语连环画里看到过很多武将“背着手”的画面，但此次调查结果显示，只有6个人选择了“背着手”符合“武将”形象，只占总受访者的4.92%。笔者注意到，90%的回答者是90后的大学生，他们已经不太看连环画。导致关于“武将”的印象选择与假设存在差异，这是否是因为中国人学习汉语体态语角色语言的渠道已经发生了变化，才导致这样的结果？

表18 第2题：什么样的人会常常摆弄鬓发？（多选题）

选项	小计	比例
男	31	25.41%
女	104	85.25%
年轻人	86	70.49%
年龄大一些的人	23	18.85%
人次	122	

从这里可以看出，摆弄鬓发是年轻女孩子的形象。在刘文荣（2002）、魏晓红（2011a）等人的论述里，都指出了“摆弄头发”更符合女性的形象。在5.2我们将更详细地探讨。

表19　第3题：什么样的人会做出“蹲着”的动作？（多选）

选项	小计	比例
男	37	30.33%
女	14	11.48%
年轻人	23	18.85%
年龄大一些的人	34	27.87%
农民	79	64.75%
民工	99	81.15%
城市人	1	0.82%
某些地方性的习惯	78	63.93%
有学问的人	2	1.64%
人次	122	

回答比较符合“民工”形象的人占总人数的81.15%，回答比较符合“农民”形象的有64.75%，回答属于“某些地方性的习惯”的人占总人数的63.93%。不过，回答符合“有学问的人”“城市人”形象的人分别只有1.64%和0.82%。

5.2　体态语和角色

日本舞台作家竹内一郎在其著作《人は見た目が9割》（百分

之九十的人可貌相）里写道：演员表演的时候，模仿现实生活上的人们的动作。反过来，人们也通过电视剧、电影里面的演员的表演，反复学习非语言交际（体态语）。就是说媒体会促进扩散体态语的刻板印象。

那么有关上述三个体态语，人们一般会在哪里看到呢？笔者通过观察周围的中国人，以及影视剧里面的人物的举手投足，做了一些调查研究。

5.2.1 “背着手”和领导干部形象

上面 5.1 调查问题 1 里，73.77% 的人把“背着手”和领导干部的形象联系在一起。如：

在 2006 年播出的电视剧《国家干部》里，第一集开始的第 5 分钟，登江市委副书记、常务副市长夏中民（王志文饰）去农村参观水库，背着手走路。/ 刘主任在办公室背着手训斥下属。

另外，过去的领导披着大衣背着手走路。我们常常看到这种场面。

刘文荣在《身态语言》里认为：

> 过去的皇帝，他的龙袍是非常肥大的。穿在身上极不合体。就是那些官服，不管是大臣的蟒袍还是七品芝麻官的红袍，都比老百姓的衣服要肥大得多。现在的领导者，穿紧身衣服极为罕见，就神态语言的观点来看，不外是穿宽大的衣服，使自己的身躯显得更大，占据更大的领域。……与此相反的是，弯腰驼背等举动，大多是处于劣势，含有方位性的意义。（p.38）

领袖人物在老百姓心中一般有这样一种形象：常常穿着或者披着大衣走路。但现在的领导干部多穿着夹克。

在电视剧《蜗居》里，江州市秘书长宋思明，以及《国家干部》里登江市常务副市长夏中民常常穿的也是夹克，而不是大衣。

笔者认为，这属于体距语或说空间关系学（proxemic）和衣服心理学（Psychology for Clothes）。某些人，常常通过服装以及举止来体现他的地位和威严。

大坊郁夫、神山进共同编著的《衣服和化妆社会学》一书中，将“服装（clothing）”和“化妆（make-up）”的行为总结为三个功能：第一，确认、强化、变换自己角色的功能。通过穿着，人们确认自己是什么样的人，强化其形象，当然有时候也通过变换自己的形象，来表现自己的改变。第二，信息传达功能。通过穿着，向人们传达自己的情绪和情感要求。第三，促进和抑制社会作用。人们通过穿着，调整自己对别人的行为，或者别人对自己的行为。比如，穿什么样的衣服，会影响到人和人之间的距离，或者说“亲近感”。通过穿着营造“亲近感”，能够引起周遭对他的正面反应。（前言，p.18）

5.2.2 摆弄头发和女性角色

在5.1调查问卷2里，85.25%的人回答“摆弄头发”更符合女性的形象，70.49%的人回答，“摆弄头发”更符合“年轻人”的形象。

刘文荣等（2002）指出了女性和头发之间的关系。有人说：“头发是女人的第二生命”（p.211）。在中国古代，留着两根长辫子代表着十五六岁的少女，梳成两个椭圆状发髻表示未婚；出嫁时，又在后脑梳成圆形发髻。在那时，发型标志着一个女人的年龄和身份。可是现代不同了，女子的发型没有特殊的规定，全由自己决定。

《战国策·赵策》中说：“士为知己者死，女为悦己者容。”意思是女性为了自己所欣赏和心爱的人而装扮自己。不过为什么偏偏梳头发、摆弄头发是女性的标志呢？

笔者分别观察了20世纪80年代、90年代、2000年出品的电视剧中女性角色出场的情景，并通过这些材料做了研究。

（1）1987年版《红楼梦》第4集，莺儿给林黛玉弄头发。

（2）1991年出品的电视剧《外来妹》（导演：成浩），是一部描写20世纪80年代中叶，随着国家用工制度的松动，大量农村剩余劳动力向东南沿海转移的大时代故事。第一集里，一对湖南农村年轻男女到广东打工。到了工厂，因为广东很热，女生脱了外衣，梳头发。农村女孩们用了梳子轮流地梳头发。但有趣的是一样从农村出来的男孩们则没有梳头发。

（3）电视剧《知青》（导演：袁苑）里，有一处场景是，从一处破旧的洋房二楼，下来了一个女孩，她一边手拿着梳子，一边梳理着头发，一步步走下楼来。/ 还有一处场景，在一处同学聚会上，有一个女同学在酒店的洗手间里弄头发。（出品年代不详）

（4）2008年出品的电视剧《我的青春谁做主》（赵宝刚、王迎导演）的第一集里，小样从宁夏来到北京的姥姥家的第二天，就先去美发室，弄了一个长直发的发型。

（5）2009年出品的电视剧《蜗居》（导演：滕华涛）第一集，女主人公海藻回顾着从大学毕业开始与男友同居生活的时代，那时，海藻还是长发。不过，海藻参加工作后，就把头发剪短了。

从（4）（5）例子中可以看出，发型是一个女人年龄和身份的记号。导演利用标志性的发型来描写她们的年龄和身份，这里面“发型”就起到了一种“角色语言”的作用。

除了发型之外，表现年轻女孩子的特点应该还有胸部、白皙的皮肤等。如体态成语中描写皮肤的词就有：凝脂、冰肌玉骨；手腕：攘袖见素手；腰：杨柳细腰；眉毛：眉清目秀；眼神：眸含秋水；牙齿：明眸皓齿；姿态：亭亭玉立等。1987年版电视剧《红楼梦》里面的林黛玉，几乎所有的这些体态，她都拥有。其他的出场人物如迎春、探春、惜春等各个角色，也都有各自的体态，比如欠身、鞠躬等礼节。不过在现代电视剧里，就不可能用这样来展现女性的体态了，所以“弄头发”成了表现现代年轻女孩子的一种颇具特点的表达方式。导演们为了塑造年轻女孩子，反复利用“弄头发”这一体态语。

5.2.3　“蹲”和农村人角色

5.1 的调查结果显示，有 81.15% 的人认为“蹲”是农民工的形象，64.75% 的人觉得“蹲”是农村人的形象，回答是“城市人”形象的只有 1 个人（0.82%）。还有 63.93% 的人回答“蹲”是“某些地方的生活习惯”。笔者问了几个中国人，“某些地方”究竟是指哪里。有的人说是山西，有的人说是自己的家乡江西，也有的人回答是河南，“河南的农村人常常蹲在树下，和几位邻居一起吃饭或者聊天”。日本奥田宽先生在其所著的《中国人の非言語コミュニケーション》（中国人非语言交际）（1997 年）一书中，对中国连环画里面的中国人体态语进行了研究。奥田通过调查发现，“蹲”这个动作除了是农村人常做的动作以外，具体的还得出以下结论。1. 农民受到批评的时候，人蹲下（《阿菊》，江苏人民出版社，1984 年）。2. 舒畅地跟别人谈话的时候也蹲着(《艳阳天》,人民美术出版社,1973 年)。此外，还有开会，指望落空，被感动时，痛苦欲绝等时候，农民也都爱蹲着。

笔者在这里不打算对“蹲”的语义进行仔细地界定，因为笔者只想关注动作和角色的关系。

我们在观看代表性的农村电视剧和电影时，很容易就会发现“蹲”这个农民编码，因而我们可以把它看作农民角色体态语。

（1）《喜耕田的故事》（2006 年，牛建荣导演）第一集干部来村庄考察喜耕田反映的问题。几个农民在树下蹲着聊天，乔书记的车开过来，一个农民指着说：“你看，你看，又来了辆小车。”

在第四集里，喜耕田等三人蹲着喝水，后来青山来了，同样是蹲着吃饭。

（2）《乡村爱情故事》（2006 年，张惠中导演）是一部充满东北农村风情的电视剧。在第一集登场的农村男女，就在农地旁的树下蹲着喝水。

叫七哥的农民在自己的家门口蹲着抽烟，思考着自己的女儿和大学毕业生谈恋爱的事情，然后对女儿训斥一顿。

（3）《春草》（2008 年，郑晓龙导演）第一集里，春草嚷着要上学，她爸爸妈妈蹲在她面前端着碗，暗示春草赶快开饭。

（4）电影《秋菊打官司》（1992 年，张艺谋导演）

故事发生在中国西北一个小山村。秋菊的丈夫被村长踢伤，她便去找村长说理。女主人公秋菊去村长家要求村长支付她丈夫的医疗费，村长端着碗，蹲着吃面条。

图 3　农民蹲在墙边

不同的导演、不同的影视里，都用“蹲”这个体态语来描写农民角色。奥田宽先生也指出“蹲”是中国农民的代表性动作。

在日本 20 世纪 90 年代末，人们也能够偶尔看到年轻人在 24 小时便利店等地方蹲着聊天的场景。不过，一般的日本成年人很少蹲下来。日本社会有部分年轻人也常常表现出“蹲下来”的行为举止，当时人们批评这种举止不文雅，不过“蹲”这个动作成为年轻人挑战成年人的价值观的一种标志。久而久之，现在蹲下来的年轻人到处都可以看到了。日本的农民却很少有蹲下去的。所以日本导演把“蹲”这个动作作为年轻人的动作塑造人物了。

具体而言，笔者为什么对中国人的体态语产生兴趣，这与笔者刚来中国的时候经历的事情有关。笔者刚来中国，到大学里面菜市场买东西，穿着很便宜的衣服，菜摊老板娘叫我“嫂子，嫂子”，而如果穿着整齐的衣服去菜场，就会被菜摊老板叫“老师，老师，要哞私（武汉当地的方言，要什么）”。笔者发现，在中国，“服装”这个体态语发挥着很大的作用。

过去，笔者也曾在美国住过一年，在一个夏天的某一天，笔者去了一所名校听课，大学里有位男老师穿着 T 恤和短裤来上课，穿着很随便，但他的行为举止，让我们确信他就是大学老师。

还有从外国人的视角来看，中国领导干部特殊的体态语有一个特色，就是一边自己鼓掌，一边现身。而在美国、日本等国家，领导人出场的时候则没有这个动作。所以谈及中国领导干部的体态语时，笔者会联想到他“边鼓掌边走出来”的形象。

在中国，笔者经常看见两个女孩子挽着手上街，中国女生互相“挽着手”，常常用来表达她们之间的友情很深。在日本只有情侣、夫妻才挽着手走。这种动作和性别、年龄、身份、社会地位和地域有关系，所以可以说是角色体态语。

倪学礼（2005）在他的著作《电视剧剧作人物论》里（中国广播电视出版社，2005年）说：创作者应该懂得如何强化和放大某些人物的特征，电视剧的观赏模式与播出方式要求剧中人物能够被准确和迅速地辨别出来，适度的强化与放大对于刻画人物的主要特点是至关重要的，这种手法将人物从环境与人群中跳脱出来，并为观众所牢记。

由于日语角色语言很丰富，所以日本的剧作家能够利用“女孩子语言”“小伙子语言”“太太语言”等来刻画电视剧里的人物。其实近年来的调查表明，电视剧里，女性角色说的女性用语比现实生活中的女性语言要多。但汉语里语言上的差异不太明显，所以汉语的角色体态语的覆盖面应该多于日语“角色语言”的覆盖面。

本章我们论述了哪些体态语（非语言行为）在电视剧中，作为“角色语言”发挥的塑造人物形象的作用。人们把“背着手”与官员的形象联系起来，看到“摸着头发梳理头发”就想起青年女孩子，看见有人“蹲着说话、吃饭、喝水”就认为他是农民或者农民工。影视剧本家们利用这些动作，即体态语来刻画作品当中的人物，而观众则一般在无意识中解读了那些体态语表达的意思。

在人们的刻板印象中，体态语也随着社会和时代的变化而变化。中国现在的变化很快，接下来领导干部体态语或者女性体态语会发生什么样的变化呢，以后还会产生什么样新的汉语角色体态语言呢，这值得关注。

第六章　描写性体态语和行为角色

在第五章我们探讨了汉语体态语（非语言行为），特别是影视剧里带有体态动作的体态语，比如“背着手”“摆弄头发”“蹲”等，作为“角色语言”发挥了塑造人物形象的作用。

下面我们要探讨的是书面语里，描写性体态语和角色之间的关系。我们准备从两个方面来探讨这种关系。第一是躯体和角色之间的关联。第二是动作和角色之间的关联。

我们的目标在于应用定延氏（2009）提倡的“行为角色”这一概念来探讨描写性的体态语和角色之间的关系，被描写的体态如何与男女老少、好人坏人等角色形象联系起来，同时我们还要探讨汉语体态成语和外国人学习这种成语之间的若干问题。

6.1　躯体和角色

6.1.1　身体特征和好坏角色

美国学者洛雷塔·马兰德罗和拉里·巴克在《非言语交流》一书中指出，所谓“非言语交流”，至少包含语言交流可能具有的三种功能：补充言语信息、替代言语信息、强调言语信息（晓明（1995）转引）。

请看下面的例子。作者“假托”躯体的一部分来描写“角色形象”。本来属于个人的动作，受到文化的影响和制约，表现出带有一定含义的非语言行为。这种体态语变成了同一母语者之间的共识，也可以说转变为能被母语者接受和利用的“角色语言”，或者说“语言资源”。相应地，文学创作者们能够积极利用这些“角色语言”或“语言资源”来塑造自己作品当中的人物。

日本学者奥田宽在《中国人非语言交际》(1997年)一书中指出，中国的现代小说中存在着借用人的躯体部分来塑造角色形象的关联模式。

奥田宽在这本书中指出了躯体特征和“好坏”两个角色之间的关联模式分类。我们将他的书中（pp.26–52）列举出来的身体特征与好坏角色示例进行了整理，制成了下面的表格。

表20 身体特征与好坏角色

身体部分	好角色	坏角色
头发	满头茂密的黑发，独角辫子	秃头，光着秃脑袋，大背头，（乌纱帽）
眉毛和眼睛	眉清目秀，浓眉大眼，长眉大眼，宽眉大眼	横眉竖眼，立眉横眼，秃眉鼠眼，淡眉鼠眼，八字眉
眼睛	大眼睛 老鹰眼，猛虎眼，豹子眼，杏眼桃腮	细眼，三角眼，斜眼，老鼠眼，蛤蟆眼，斗鸡眼，猴眼，一只眼睛（缺落）
鼻子	高鼻梁	鼻子短，大鼻子
嘴唇	厚嘴唇	薄嘴唇，歪嘴，尖嘴，蛤蟆嘴，乌嘴唇
牙齿	白牙齿	黑牙，黑黄的牙齿，金牙
耳朵	方脸大耳，方面大耳，方头大耳	
脸	轮廓鲜明的脸，轮廓分明的脸，红脸大汉	长脸，驴脸，马面鬼，三角脸，刀削脸，蜡黄脸，紫脸

资料来源：奥田宽《中国人非语言交际》（1997年，pp.26–52）

从表20可以看出，茂密的头发和浓密眉毛是“好角色”的形象，老鹰眼、豹子眼等猛兽眼也是“好角色”的形象，但细眼，老鼠、蛤蟆、猴类动物眼睛则是“坏角色”的形象。厚嘴唇、白牙齿是“好角色”形象，而薄嘴唇、黑黄牙齿和金牙是“坏角色”的形象，马脸、长脸也是“坏角色”的形象。由此可见，身体各个部位已经跟角色的人物形象之间产生了相互关联的联系。奥田说在中国现代小说里，轮廓清晰的脸明显被赋予了“好角色”的形象意义。

虽然奥田宽并没有提出“角色语言”这个概念，而用的是“编码”或者“共示义”这样的词汇，但他谈的是躯体的一部分和角色的关系。

奥田宽认为，在中国小说中，常常将身体形态特征联系到“人格”，特别是联系到“好角色”和“坏角色”的人物形象。容貌好看的人被塑造成好人或英雄角色的形象，而身体上有缺损的人，例如瘸子和独眼龙则被塑造为“坏角色”的形象。奥田宽写道，这种关联在中国革命小说的虚构世界里，表现得尤其明显。笔者了解到，奥田宽调查的小说主要是20世纪70—80年代出版的小说，包括：杨啸《红雨》（1973），龚成《红石口》（1975），曲波《林海雪原》（1977），李英儒《野火春风斗古城》（1977），周立波《风暴骤雨》（1977），《儿童文学》（1977，1–2期），谌容《万年青》（1975），王英先《枫香树》（1979），黄春明《沙哟娜拉，再见》（1984），马烽、西戎《吕梁英雄传》（1984）。

这种现象也许跟时代的局限性有关，但看他列出来的例子确实有躯体和角色的关系，也就是说中国现代小说中，存在着对身躯特征的刻板印象，然后作家利用这种印象或描写性的体态来塑造人物的现象。奥田也指出在中国革命小说里，驼背代表着土匪、特务的坏角色形象，浓眉则被塑造为共产党人、抗日英雄，方脸的人被塑造为革命战士、共产党支部书记等好角色。由上可见，身体特征与职业形象紧密相关。这在宣传文学当中，能够让读者比较容易地去了解每个角色。

6.1.2 “写人学”和男女躯体喻

金水敏（2003）对“角色语言”的定义为：日语当中存在着某些表达方式（包括词语、语法、表达方式、语调等），人们一听到这种话语，马上就能联想起某种特定人物的年龄、性别、职业、阶层、时代、外貌、性格等；或者提到某种特定的人物的时候，人们也能够马上联想起他/她应该会说的语言。（金水敏《役割語の謎》p.205）

“役割语”还有其他方面的特点，比如虚拟性。日语中的这种“役割语”不一定是自然存在的语言，而是在文学创作中，创作人为了描写特定的模型人物而创造出的一种表达方式。这种表达方式，通过教育、媒体、戏剧、电视剧等媒介反复使用而固定化，尔后人们继承了这种虚拟现实的日语。

“角色语言”是同一母语使用者形成了共识的刻画人的方法，人们在现实生活上使用的同时，作家、剧作家等通过创作，在虚拟世界里反复使用而使它固定化，成为一种语言表达方式。

日语的“角色语言”研究，是金水敏从研究日语史的角度提出来的。他指出，作为母语使用者的语言资源的“角色语言”，文学作品是非常重要的来源。如果文学研究和语言研究结合起来，一定会获得更好的成果。

中国学者李桂奎（2008）运用社会角色理论以及性别角色理论，构建出“写人研究”的新学科体系，其中指出，中国小说中描写人的传统，应该是在小说、戏剧、影视、教育中的反复使用中奠定的。他在《中国小说写人学》里，探讨了中国古代小说里的躯体喻、姿态造型（动作和角色）等问题，这对研究汉语的“角色语言”，具有一定的参考价值。

写人研究

下面，我们首先来介绍一下李桂奎的“写人研究”（2008）。他通过研究文本，总结出了“写人研究”的两个方面：一是采用“人物论”和“人物谱”的方式，对以小说为主要研究对象的文学人物进行道德评价和性格剖析。如太愚的《红楼梦人物论》（1948）、孟超《金瓶梅人物论》（1960）、李希凡《论中国古典小说的艺术形象》（1960）、石昌渝和尹恭弘《金瓶梅人物谱》（1988）、朱一玄《红楼梦人物谱》（1997）等。二是从“人物描写”或“人物塑造”的角度，对各种文本的写人技法进行例证式赏评的现象。如吴调公《谈人物描写》（1979）、王先霈《小说技巧探赏》（1986）、冉欲达《文学描写技巧》（1988）、马振方《小说艺术论稿》（1991）、张稔穰《中国古代小说艺术教程》（1991）、傅腾霄《小说技巧》（1992）、刘上生《中国古代小说艺术史》（1993）、宁宗一等人《中国小说学通论》（1995）、孟昭连与宁宗一《中国小说艺术史》（2003）。

还有的著述将两种研究路数融合在了一起，比如在聂石樵主编的《古代文献学中人物形象论稿》（首都师范大学出版社，2000年）一书中，力求从原型与母题的角度切入文本，有意识地为文学写人问题的研究探索新路。此外，还有的论文探讨了戏剧中的“写人理论”。（pp.2–4）

李桂奎用“物象比喻”“秀色可餐”“圣人异貌”等几个关键词来介绍躯体喻物。

“物象比喻”

李桂奎（2008）鉴于前人的研究成果，梳理出了中国古代小说中的“躯体喻物”的历史，指出：

“物象比喻”历史中，南朝刘义庆的《世说新语》占有重要地位。如《容止》篇写道：“有人叹王恭性貌者，云：‘濯濯如春月柳。’”

通过春天的“柳”这一别具生机的意象来描写人物的飘逸。诸如“千丈松”“云中白鹤”“璞玉浑金”“玉人”等，这些词充当了修辞语，来达成“物我合一”的修辞效果。《世说新语》充分反映出那个时代的人们在躯体自然化意识方面的高度觉醒。

南朝之后，宋元时期话本小说的作者们则将古典诗词中“以物喻人”的风尚引向了世俗化，表现出对女性躯体进行“方物”描写的浓厚兴趣。比如在《西湖三塔记》中，在描写“白蛇变女怪”时写道：“绿云堆发，白雪凝肤。眼横秋水之波，眉插春山之黛。桃萼淡妆红脸，樱珠轻点绛唇。步鞋衬小小金莲，玉指露纤纤春笋。”

从此以后，关于“以物喻人”的组合意象，如“云鬓、蛾眉、杏眼、樱桃唇、桃面、玉臂、冰肤”等充斥于小说艺术天地。但由于被反复使用，这些比喻后来基本上都变成了毫无生气的“死喻”。

在随后明清时代的章回小说里，有关人物躯体描写的重点，逐渐由面部扩展到整个躯体，形成了“英雄壮貌”与“美女柔形”双轨运转的态势，给人体的“物化”描写注入了一定的生机和活力。如在《三国演义》第一回中，出场的刘备“面如冠玉，唇若涂脂”，赋予他一副富贵之相；而刘备眼里的张飞，则是“豹头环眼，燕颔胡须，声如巨雷，势若奔马”的状貌；再写关羽时，又说他“面如重枣，唇若涂脂；丹凤眼，卧蚕眉：相貌堂堂，威风凛凛”。

在明代后期的小说界，还形成了通过“方物”笔法来大肆描摹“美女柔形”的潮流。如《金瓶梅词话》第二回里，描写潘金莲的相貌是“一捻捻杨柳腰儿，软浓浓粉白肚儿，窄星星尖趫脚儿，肉奶奶的胸儿，白生生的腿儿”。《金瓶梅词话》在因袭过程中嵌镶了很多原本没有的“方物”修饰词。尔后，才子佳人小说的批量出现，将“以物喻人”的描写模式推向了“千人一面”。直到清代初期，曹雪芹创作出《红楼梦》，他致力于将千篇一律的“死喻”激活，这种局面才得以改观。

如第三回中，写宝玉眼中黛玉的面孔时，曹雪芹写道："两弯似蹙非蹙罥烟眉，一双似喜非喜含情目。态生两靥之愁，娇袭一身之病。"清代短篇小说界，生活年代略早于曹雪芹的蒲松龄，在《聊斋志异》中，将那些花妖狐魅们塑造成各个别有韵味的"物化"体态，如《聂小倩》中的聂小倩，"肌映流霞，足翘细笋"。（pp.30–34）

秀色可餐

李桂奎接下来谈到"秀色可餐"时说，台湾学者陈益源曾经指出，"明清艳情小说习惯拿食物来形容人体"，而另一研究学者叶舒宪（《高唐神女与维纳斯》1997），针对西方及印度的"性美学"观念，提出了中国特色的美学"食物学"。其实质在于性器官的口语化，突出了秀色可餐的直觉特点（pp.40–42）。"这为把女性写成充当食物的'植物'提供了另一个象喻前提。其中，蔬菜类的'春笋''莲藕'和水果类的'樱桃'等充当了表现女性美的喻象。"（p.42）

值得注意的是，这都是以非常实用的食物或者蔬菜为喻体的比喻。然而，笔者经过对比发现，这种用实用食物表示褒义的比喻在日语当中比较少。比如日语当中有"大根足"一词，意思是"萝卜腿"，指的是又白又肥的腿脚，在日本，一般女孩子不会高兴自己有对"萝卜腿"。

女性的植物化和男性的动物化

李桂奎还罗列了"英雄状貌"逻辑下的男性"动物化"比喻现象。例如成语"虎体狼腰、豹头猿臂"（来源于——《三国演义》），狮子下云端（来源于《水浒传》）等，这与"美女柔形"文化中的女性"植物化"，比如月貌花容、如花似玉、面如桃花等形成了鲜明对比。比如动物喻体方面，中国古代小说所塑造的"英雄"大致可以分为四类：驰骋疆场的建功立业英雄，流落江湖的行侠仗义英雄，活跃在神化世界里的降妖伏魔英雄，以及混迹青山欲海的猎艳

渔色“英雄”，他们在不同时空中获得了相应的“动物化”肖像权。（pp.36–49）

圣人异貌

《圣人》中将圣人相貌概括为一句话，即“圣人皆有表异”。例如，孝经《援神契》曰：“尧，鸟庭，荷胜，八眉”；“舜，龙颜，重童，大口”；闻一多又引用了杨伯峻的《列子集释》进一步诠释：“故诸圣人多有奇表，比如蛇身人面，牛首虎鼻等，这种‘异貌’观念产生的原因，是随着社会发展，上层社会为了拉开自身和普通老百姓之间的距离，通过将自身比附为某种带有灵异色彩的‘动物’来美化自己，从而别有用心地编造了种种天生异貌的神话，把‘异貌’观念进行了政治化，社会化。”（pp.69–70）

成语里面性别差异

除了从动物植物的角度来分析性别喻体外，也有学者直接从性别差异的角度对喻体进行了分析。比如钱进（2003）在探讨成语和俗语性别差异的文化时指出：（一）言语行为要求两性有别。（二）容貌类评价两性有别。比如“男才女貌”，反映了传统性别文化对女子容貌极为重视。仅在《中华成语大词典》中，描写女性容貌体态的成语就有 229 条，其中描写年轻女性的就占了 200 多条，而描写男子的词语并不多见。对未婚青年女性的容貌描写多，表现了男性视角下对女性容貌的审美期待。当然也有一些对于已婚或者年老女性的容貌描写，例如“残花败柳”。（三）婚姻关系两性有别，对于夫妻有不同要求，例如“才子佳人”“郎才女貌”。（四）贞操观两性有别。例如，“黄花女”“守身如玉”；（五）社会地位和社会期望两性有别。例如，“交际花”“书中自有颜如玉”。（六）詈骂语两性有别。例如，女为“狐狸精”“美人计”，男有“王八蛋”“乌龟”等说法。男性的描写可以称为“强势模式”，而女性的可以称为“弱势模式”。“男性视角”因素决定语义性别原型的强弱模式。女性是一个“失声的集团”（英国人类学家阿登那语）。比喻男性的动物，一般具有无标记语义特征，而用来比喻女性时，多含有贬义，如比喻男性的“小老虎”一词，听来招人喜爱，可“母老虎、胭脂虎”等描述女人的词汇，就无人敢恭维了。

总之，中国小说写人方式有男女区别，特别是“以物喻人”的方式，男人的躯体形象被“动物化”，而女人的形象则是由男性的视角因素决定的，女性是没有发言权的。

6.2　动作和角色

我们在6.1里探讨了中国小说中，常常将人的躯体特征联系到“人格”，特别是联系到“好坏”的角色形象。然后阐述了躯体比喻的传统和性别的关系。接下来我们要探讨躯体和动作以及行为之间的问题。

晓明（1995）引用了权延赤所著的《走下圣坛的周恩来》一书中的一段描写：“你无组织无纪律！总理的浓眉毛刹那间扬起，目光灼灼，朝着陈毅急走几步，像是要有所动作，但猛地又停住步，用力盯一眼陈毅，转身又是几个急步，立到办公桌旁。”这次总理没有往桌上拍巴掌，而是背对着陈毅虚握了拳，砰砰砰敲了三声桌子：“这是不允许的。”这是周恩来总理针对陈毅外长在一次国际会议上的失误进行严厉批评的场面。晓明（1995）指出，仅仅两句话，就伴随着一系列的身体语言。比如面部表情是“眉毛刹那间扬起，目光灼灼”“盯一眼陈毅”，身体动作姿态是“急走了几步”“又停住步”“转身又是几个急步，立到办公桌旁”“虚握了拳，砰砰砰敲了三声桌子”。有声语言不多，而无声的身体语言却有大段的描写，一方面把周总理那种极为气愤的情感表现得淋漓尽致，另一方面也加重了有声话语的分量，字字如千钧重，震撼人的心灵，从而使谈话对象认识到问题的严重性，达到了谈话的效果。

晓明说：“身体语言对有声语言的补充所表现的修辞作用，一是使模糊的事物形象特征更为鲜明。二是使复杂的情感更为明朗。三是使残缺的语义内容更为完整。这些不明确的事物或对象，用身体语言加以辅助指代，补充有欠缺的部分，使语义圆满。”

这里值得一提的是，“眉毛刹那间扬起”的周总理形象属于我们在6.1.1提到的中国革命英雄的形象。面部表情，躯体，浓密的眉毛，这些体态语塑造出周总理“好人”的角色形象，跟“扬起”等动作合用，表现出激烈的感情色彩。

6.2.1 日本行为角色的概念

金水敏（2003）将“人物像（人物形象）”一词当作人们熟知的概念，但没有对它进行明确而详细的定义。沿用金水敏的“角色语言”和“人物像”的概念，定延（2006、2011）从语言学和交际学的立场，考察了“角色”与语言之间的关联关系，指出语言与角色形象的结合方式，至少有三种。

第一种结合方式是，语言直接表示角色形象。

例如，对一个成人，有人会评价说“他就是个‘公子哥儿’”“他还是个孩子”。“公子哥儿”“孩子”这样的语言，直接刻画了所指的人物是一个以自我为中心或是很幼稚的角色形象。（角色大世界——日本43）此时的“语言”起到了标示“角色”标签的作用，反之，“角色”就是被“语言”标记的角色。

第二种结合方式是：“行为角色”。表现动作行为的语言，可以暗示这一动作行为者的角色形象。例如，在谈到一个人时说“（他）伫立（在那里）”。就会暗示到这个人是带有“大人（成人）”感觉的角色形象。又或者说一个人，“ニタリとほくそ笑む（nitari-to hokusoemu，中文意为狰狞窃笑）”，这一词并不只是表现这个人简简单单的微笑，而是充满了暗示，表现出一个“坏人”角色的微笑。实际上，在日本出版的《角色大世界》（表現キャラクタ）（43回，47回）一书中，也曾对这“第二种结合方式”进行过论述。里面称，“语言在表示动作时，可以暗示出此动作行为人的角色形象”这种结合方式。此类“角色”被称作“表现角色”或“行为角色”。

第三种结合方式是，语言除了语言其本身的内容以外，还可以暗示使用此语言的话者的角色形象。例如如下的日语表达，“そうじゃ、わしが知っておる（Soo-ja，washi-ga shi-tte-oru 你说的对喽，我是知道的）”，“じゃ（ja）”为系词、“わし（washi）”为第一人称“我”、“ておる（te-oru）”为表示持续状态的词，整个句子听起来，就是上了年纪的老博士的语言。又比如这个表达：“そうですわよ、わたくしが存じておりますわ（Soo-desu-wayo，watakushi-ga zonji-te-orimasu-wa 正是如此，我知道）”，“わよ（wayo）”为句尾的终助词（语气词），“わたくし（watakushi）”为第一人称，这些元素综合起来，活生生就是一个大家小姐的语言。

定延（2006、2011）将这类话语者的话语所暗示出的角色称作“话语角色”（「発話キラクタ」），用以区别“表现角色”或者“行为角色”。

如果说，行为角色是“表示动作行为的语言，暗示着该动作行为主体的角色”，那么汉语中，表示动作行为的语言，在暗示着该动作行为主体的角色时，有什么样的表现呢?

6.2.2 “写人学”和动作

坐立角色

李桂奎（2008）在《中国小说写人学》一书中，阐述了姿态造型和人物的关系。由于礼俗制度的存在，“主坐从立”“尊坐卑立”“长坐幼立”被人们视为天经地义。例如，在《三国演义》第二回中，“玄德在稠人广坐，关、张侍立”；在《西游记》第五十回，“请唐僧坐在中间；猪八戒、沙僧侍立左右”。在《红楼梦》第六回中，“平儿站在炕沿边，捧着小小的一个填漆茶盘”。

李桂奎调查《三国演义》后发现，身为武将的关羽、张飞在多数情况下是以“立”的姿态“出场”，这取决于人们对男子汉大丈夫顶天立地气魄的期许。相对而言，《三国演义》关于诸葛亮的身态造型，他每次出场大多是“坐”态。根据李桂奎的统计，整部小说共十三次模式化地写出了诸葛亮的坐姿，充分展现了他那镇定自若的儒雅风度。如“纶巾道服，坐在船头上”（第四十二回），“坐车摇扇”（第五十二回）等。

李桂奎总结说，“中国古代小说关于‘文坐武立’身态的描写是对大众文化的认同履行，其模式不能随意替换。”其他的例子在《聊斋志异》中也出现过。比如蒲松龄就塑造了一批以书生为主体的“夜独坐者”形象。除了“文坐武立”是对大众文化的认同履行外，李桂奎还认为，“坐忘”本是道家所追求的一种虚静境界，因而道士修身养性，以“坐”为基本体势。在《三国演义》中，诸葛亮形象就被大大地“道徒”化。

由此可见，汉语的行为角色或者说行为编码，有时候和主体之间存在着明确的联系，也可以揭示其社会等级、宗教形象。

6.2.3 体态成语

在汉语里，“坐卧不安”等表示人的非语言行为的“四字格表达”非常丰富。有学者把它叫作“体态成语”。体态成语是一种基于体态语的成语，它通过描述体态动作来表达人们的情感，具有丰富的表现力。

6.2.3.1 体态成语定义

首先我们来看看体态成语的定义。郭伏良、吴继章（1997）将“体态成语”定义为：“所谓体态成语就是指描述体态语的成语。”

在周俊英、付欣辰（2005）和董珍兰（2006）的文章中对体态成语的解释大同小异，皆指出：在体态语为社会生活服务的过程中，一些体态语在人们的反复使用中，固化在语言当中，形成了一些包含体态语的语言表达法。这些固化在语言中的体态语经过人们漫长的交际实践，从而约定俗成为一些含有特定信息、结构固定、意义完整、语言精辟的固定词组、短语和短句，这就是体态成语。体态成语即是一种特殊的成语。

6.2.3.2 体态成语分类和特征

李丽（2008）把体态成语按描写类型分为：（1）动态无声的体态成语。例如“横眉立目”“手舞足蹈”等。（2）静态无声的体态成语。例如“呆若木鸡”“满面春风”等。（3）动静态有声的体态成语。例如“掌声雷动”“窃窃私语”“笑语嘎嘎”等。

其次，从描写方式上分，她根据耿二岭先生的划分（李丽转用），将成语从体态语的角度分为：（1）直接描摹，例如“袖手旁观”“点头哈腰”。（2）间接描摹，例如“心神不安”“绰约多姿”。（3）借物描摹，例如“鹅行鸭步”“狼吞虎咽”。

另外，李丽也指出了体态语的特征：（1）体态表意，意在言外；（2）表情性体态是体态语的主体，是传情性的体态。

董珍兰（2006）总结了体态成语的历史和研究成果：早在1985年出版的《分类成语词典》（王理嘉、侯学超编）中，编者就已经关注到体态成语。在1988年出版的《汉语成语分类大词典》（王勤、马国凡等编）中，就已经单独列出了体态类成语。在1989年出版的《中国成语大分类词典》（韩省之主编）中，也按意义对成语进行了分类。他把成语分为四门，每门之下又有若干小类。其中“人物门”之下就包括“神态表情类、人品性格类、女性类、痛苦欢笑类、耳目视听类”等，而这几类与我们文中谈到的体态成语有着千丝万缕的联系。

从收集的文献看，对体态语进行过分类研究的就有杨晓黎（1991），董世福、刘永发（1995），郭伏良、吴继章（1997）；研究体态成语借用的有赵昆艳（2005）；还有从体态成语的语义方面，跟英语体态成语进行对比研究的（周俊英、付欣辰，2005）；和俄语体态语进行对比研究就有李凤琴（2005）等，但这些学者探讨的主要内容多是体态语的分类、语义、修辞方式等，几乎没有关注体态成语和其所暗示人物关系的文章。我们从日本角色语言，特别是定延氏提出来的行为角色的观点来探讨汉语体态成语，应该会更有利于了解和运用成语。

6.2.4 体态成语和角色分类与汉语学习

体态成语，据郭伏良、吴继章（1997）统计，有600多个。他们通过对体态成语描述的动作进行分析，称“可以了解不同的时代，尤其是漫长的封建主义时代对不同身份、不同性别的人所规定的举止规范”。但他没有对角色进行具体分类。

董珍兰（2006）列出的体态成语有“面红耳赤”“扭捏作态”“暗送秋波”“眉来眼去”等，都是典型的表情达意的体态成语，但并没有指出这些体态成语与所述对象之间存在着怎样的关系。我们如果能把体态成语和角色的关系说得更明确的话，一定会有利于汉语成语学习。我们应该添加“角色语言”的哪些体态成语表示男女老少，或者带着好印象或坏印象的人？

在李晋林、陈颂琴主编的《分类成语词典》中（吉林教育出版社），共收集成语 10 300 余条，作者将成语分为十大类——形体类、心理类、品德类、行为类、社会类、生活类、语言类、文教类、军事类、事理类。笔者以形体类为体态成语，对形体类进行了细分类，包括：（一）肖像（1. 容貌；2. 服饰）；（二）情态（1. 体态；2. 动态；3. 神情；4. 风度）。笔者以给人“好印象和坏印象”为标准，对“男女两性标准”进行了分类。

表 21　男女分类

	女				男			
好印象					风华正茂	锦瑟年华	龙眉凤目	龙章凤姿
					眉清目秀	美如冠玉	面如冠玉	浓眉大眼
					日角珠庭	神清骨秀	相貌堂堂	燕颔虎颈
					一表非凡	一表人才	仪表堂堂	布衣韦带
					峨冠博带	轻裘缓带	衣冠楚楚	雍容华贵
	闭月羞花	冰肌玉骨	搽脂抹粉	沉鱼落雁	彪形大汉	（柴毁骨立）	虎背熊腰	赳赳武夫
	淡扫蛾眉	淡妆浓抹	豆蔻梢头	峨眉皓齿	孔武有力	年轻力壮	七尺之躯	身强力壮
	粉白黛黑	粉妆玉琢	芙蓉出水	国色天香	铜筋铁骨	心广体胖	须眉男子	英姿飒爽
	花容月貌	花枝招展	绝代佳人	描眉画眼	正襟危坐	大步流星	抖擞精神	额手称庆
	明眸皓齿	浓妆艳抹	捧心西子	千娇百态	飞檐走壁	飞针走线	抚掌大笑	干脆利落
	倾城倾国	如花似玉	施朱傅粉	桃羞杏让	干净利落	贯甲提兵	金鸡独立	举手加额
	天生丽质	仙姿玉色	香娇玉嫩	小家碧玉	举手投足	烂醉如泥	龙骧虎步	龙行虎步
	杏脸桃腮	秀色可餐	艳美绝色	艳如桃李	摩拳擦掌	神出鬼没	手疾眼快	手起刀落
	窈窕淑女	一股倾城	盈盈秋水	玉貌花容	投袂而起	兔起凫举	兔起鹘落	席地而坐
	月眉星眼	朱唇粉面	朱唇皓齿	朱面粉面	熊经鸟伸	扬长而去	耀武扬威	鹰扬虎视
	凤冠霞帔	红装素裹	珠光宝气	珠围翠绕	不苟言笑	沉默寡言	道貌岸然	咄咄逼人
	绰约多姿	婀娜多姿	丰神绰约	娇小玲珑	顾盼神飞	顾盼生姿	憨态可掬	虎头虎脑
	流风回雪	袅袅婷婷	亭亭玉立	我见犹怜	炯炯有神	目不斜视	目光炯炯	目光如炬
	仪态万方	回眸一笑	翩若惊鸿	姗姗来迟	平心静气	气势汹汹	不衫不履	大家风范
	楚楚可怜	吹气如兰	飞鸟依人	含情脉脉	犯而不校	风流儒雅	风流潇洒	风流蕴藉
	和颜悦色	超然绝俗	燕语莺声	玉树临风	豪放不羁	好整以暇	举止不凡	举止大方
					林下风气	落落大方	名士风流	气宇轩昂
					声如洪钟	斯斯文文	堂而皇之	倜傥不羁
					倜傥不群	威而不猛	温文尔雅	文质彬彬
					武不善作	仙风道骨	仙露明珠	雄姿英发
					轩昂自若	雍容不破	雍容尔雅	羽扇纶巾

（续表）

	女	男
坏印象	涂脂抹粉 香消玉灭 油头粉面 荆钗布裙 瘦骨嶙峋 矫揉造作 拿班作势 撒娇卖俏 温情脉脉 穿红着绿 东张西望	肠肥脑满 大腹便便 挺胸凸肚 大摇大摆 鹅行鸭步 鬼头鬼脑 横冲直撞 捋袖揎拳 裸袖揎衣 默不作声 蜗行牛步 吆五喝六 发指眦裂 汗颜无地 默默无语 喃喃自语 搔头摸耳 声嘶力竭

杨晓黎（1991）曾粗略统计过体态成语约有860条，分布于面部表情、身体动作、声音暗示、服装容饰等四大基本类型之中，其中面部表情约占总数的48.8%，身体动作约占24.5%，声音暗示约占14%，服装容饰约占12.8%。

上述每种类型又可分为若干细目。显然这里统计的是与广义的体态语有关的成语。

根据郭伏良、吴继章（1997）对《中国成语大辞典》（上海辞书出版社，1987年8月版）的不精确统计，体态成语约有六百多个。其中描写眼眉的有一百来个，描写手的动作的有一百多个，描写身体其他部位如头、脚、躯体动作的有140个。在涉及体态语分类的著述中，有的包括“衣着”和“声音”。前者如“拖紫垂金”，后者如“长吁短叹”。有的则不包括“衣着”和“声音”。中华民族素以礼仪之邦著称，所以每个人的言谈举止都很注意切合身份。比如，身份、地位高的人举止要庄重严肃，身份、地位低的人则要谦逊恭敬等。地位高的人对人可以“颐指气使”而地位低的人在长辈或上峰面前只能“轻手轻脚”，有时甚至要“膝行肘步”。这表明汉语里有上下关系的体态成语，人们的目光很容易集中于眉目和衣裳。

李丽（2008）指出，成语本身随着时代变迁，有部分发生了语义变化。有的由褒义转为贬义，有的由贬义转为褒义。这是由价值观念与立场观点的古今差异造成的。词语在发展的过程中，词源所赋予的意义和后来的语义理解出现了断层，造成理解上的偏差，从而导致成语的褒贬变化。成语所附带的情感色彩的变化，主流是贬降，即由褒到贬或者由中性转为贬义的词语占绝大多数。

上述表格按照性别、年龄、好坏的因素进行分类。由于年龄、时代、教育程度、地域等因素的影响，同样在中国人当中，对成语本身也产生了一些观点上的差异。但笔者认为成语可以从男女老少，"好坏"的角色来进行分类。

宫女、官人的形象

从这张表来看，描写女性的语汇有"玉、花、红、杏、桃 、嫩、香、皓齿、扫眉、化妆"等，从这些并列出来的语汇令人想起"宫女""美女"，甚至是"妓女"的形象，不会是农村妇女。

描写男性的语汇有"龙、燕、虎、玉、冠"，令人联想起"峨冠博带、轻裘缓带、衣冠楚楚"的进士或者官人。根据郭伏良、吴继章（1997）的统计，描写眉毛的相当多，这证明李桂奎指出躯体喻示从眉毛移转到身体的其他部位。根据杨晓黎（1991）的统计，服装容饰约占 12.8%，符合表 21 的结论。而且，我们在第五章指出，中国人关注服饰这种非语言（体态语），相对于句法方面呈现出多姿多样的日语角色语言而言，汉语的角色语言依靠容貌、姿态、衣者等体态语进行表现的成分则相当多。

服装和颜色的相应

叶朗（2006）曾介绍了叶昼、金圣叹、毛宗岗、张竹坡等明清小说美学家塑造典型人物的理论。

叶昼在《水浒传》第九回中有一段批语：施耐庵、罗贯中真神手也！摹写鲁智深处，便是个烈丈夫模样；摹写洪教头处，便是忌嫉小人的身份。

叶朗指出，《水浒传》塑造人物具有某种典型代表性，也都有鲜明的个性。这种个性化的描写，就是传神的描写。所谓“传神”主要指，通过一个人物的外在特征（不是外在的形状的一切方面，而是外在形状的某个或某些特定方面），刻画出他的个性和生活情调（风神、风韵、风姿、神貌）。“传神”这个概念从绘画美学的领域引入小说美学的领域后，它的内涵已经比原来有所发展（p.313）。对此，金圣叹进行了多方论述。例如“各自有其胸襟，各自有其心底，各自有其形状，各自有其装束”等。

由此可见，中国古典小说中，为了塑造人物的“模样”，外在形状、衣冠装束是相当重要的修辞部分。

又如，闵虹（2001）以汉乐府叙事诗《陌上桑》为例：

> 日出东南隅，照我秦氏楼。秦氏有好女，自名为罗敷。罗敷善蚕桑，采桑城南隅。青丝为笼系，桂枝为笼钩。头上倭堕髻，耳中明月珠；缃绮为下裙，紫绮为上襦。行者见罗敷，下担捋髭须。少年见罗敷，脱帽著帩头。耕者忘其犁，锄者忘其锄；来归相怨怒，但坐观罗敷。

闵虹指出，作者欲写采桑女罗敷之美，并不是直接写出她的美丽容貌，而是依次描写了她的装桑叶的筐子之美，发型、服饰之美，而在文后出现的少年、耕者、锄者对美女的反应，这也有助于读者的理解。

陈克先生（1993）在讨论作为非语言符号之一的服饰符号说：“服饰是身体符号的延伸，其中服装除了蔽体和御寒以外，其款式，颜色、质料的不同可以标示一个人的地位、阶层、性格和心情，装饰打扮的功能则完全是社会性的。”

服装的差异首先表现在男女性别差异方面。中国古代妇女缠足、束胸、穿耳等陋俗是对女性身体的摧残。古代男女则皆有蓄长发的习俗，实际上又缩小了身体差别。衣服是贫富的标志，富人不但衣帽考究，而且衣料华贵。唐以后科举制度逐渐完善，贫寒学子考中进士后，经过殿试即脱去平民服装，穿上官服，称为“释褐”。后来释褐就成为新进士及第授官的代名词。除了服装款式以外，服装的颜色也具有符号的含义。黄色历来是代表帝王的颜色，红色是喜庆的颜色，蓝色是老百姓的服装颜色，白色代表丧事，是丧服的颜色。

笔者在第五章提到，在中国人的生活中，常常遇到人们通过服装来判断对方身份，笔者感觉到中国人对颜色的反应比日本人强烈。例如在集贸市场，摊贩老板用红色的塑料袋，证件照片的背景要蓝色或者红色。这种现象在日本比较罕见。

表 22　老小分类

	年老	幼小	老女	老男
好印象	白发红颜　慈眉善目 古稀之年　鹤发童颜 白发苍苍	驹齿未落		方面大耳　风度翩翩
坏印象	皓首苍颜　鹤发鸡皮 龙眉皓发　庞眉皓发 蓬头历齿　七老八十	瘦骨伶仃 嬉皮笑脸	徐娘半老	肥头大耳　潘鬓成霜 沈腰潘鬓（中年） 老态龙钟　踉踉跄跄 老气横秋

从表 22 看，有关儿童的体态语几乎没有。这也许跟《分类成语词典》（李晋林、陈颂琴）的编辑原则有关系。

笔者对周围的中国朋友进行了调查，收集了有关描写儿童和中老年人的成语，不过数量不多。

儿童：黄口小儿、乳臭未干、奶声奶气、咿呀学语、蓬头稚子、虎头虎脑、朝气蓬勃、伶牙俐齿、天真烂漫、垂髫稚子、总角之年、天真无邪、童言无忌、粉雕玉琢、憨状可掬、聪明伶俐、六尺之孤、

人小鬼大

老人：年老体衰、年老体弱、老气横秋、耄耋之年、春景残光、老谋深算、皓首雄心、老马识途、老而弥坚、老树新花

中年：风韵犹存、秋风纨扇、不惑之年

成语本来是男性话语权为了男性服务的语言。特别在历史传统上，成语是因男性读书人的需要而诞生的表达方式，他们的描写对象就是年轻女性，所以比较缺少表示中老年和儿童的成语。

表 23　两性通用的成语

好印象	齿如齐贝　唇红齿白　慈眉善目　朗目疏眉　圆首方足　白龙鱼眼　褒衣博带 赤身露体　红男绿女　心广体肥　奔走相告　不言不语　健步如飞　蹑手蹑脚 前言后合　煞有介事　言谈举止　眼疾手快　眼明手快　载笑载言　得意洋洋 精神焕发　眉开眼笑　眉来眼去　眉目传情　迷花眼笑　捧腹大笑　飘飘欲仙 声音笑貌　睡眼惺忪　天真烂漫　嬉笑怒骂　喜怒哀乐　笑比河清　心平气定 心平气和　行色匆匆　扬眉吐气　洋洋自得　一颦一笑　容光焕发　神采飞扬 神采焕发　神清气爽　仰首伸眉　一本正经　一起飞扬　意气轩昂　意气扬扬 溢于言表　展眼舒眉　正气凛然　直言正色　不拘小节　不拘形迹　不修边幅 超尘拔俗　满座风生　一丝不挂　轻手轻脚　慢条斯理
坏印象	鼻青脸肿　蜂目豺声　蓬头垢面　黑眉乌嘴　鹄面鸠形　灰头土脸　尖嘴猴腮 科头跣足　面黄肌瘦　面如菜色　蓬头跣足　披头散发　其貌不扬　青面獠牙 人老珠黄　头童齿豁　贼眉鼠眼　獐头鼠目　奇装异服　一丝不挂　衣不重彩 骨瘦如柴　弱不禁风　弱不胜衣　手无缚鸡之力　形销骨立　药店飞龙　步履蹒跚　步履维艰　藏头露尾　出没无常　穿房入户　打情骂俏　东躲西藏 东逃西窜　翻箱倒箧　风风火火　拂袖而去　顾影弄姿　鬼鬼祟祟　缄口不言 拉拉扯扯　狼吞虎咽　骂不绝口　慢条斯理　酩酊大醉　扭扭捏捏　破口大骂 七手八脚　喊喊喳喳　乔装打扮　轻手轻脚　人不知，鬼不知　撒泼放刁　神不知，鬼不觉　探头探脑　吞云吐雾　小手小脚　形迹可疑　一声不响　一言不发　贼头鼠脑　扎手舞脚　张牙舞爪　招摇过市　指手画脚　指天画地　装模作样　装腔作势　装神弄鬼　踪迹诡秘　丑态百出　丑态毕露　蠢若木鸡 得意忘形　干啼湿哭　顾盼自雄　怪模怪样　横眉怒目　虎视眈眈　昏昏沉沉 昏昏欲睡　疾言厉色　倔头倔脑　哭笑不得　来势汹汹　冷若冰霜　眉高眼低 面红耳赤　木雕泥塑　赧颜汗下　忸怩作态　怒目横眉　铺眉苫眼　前倨后恭 穷酸饿醋　色若死灰　杀气腾腾　打情骂俏　慢条斯理　神魂颠倒　神色自得 声色俱厉　失张失智　死眉瞪眼　死皮赖脸　死乞白赖　酸文假醋　忘乎所以 喜怒无常　夏日可畏　销魂夺魄　凶神恶煞　凶相毕露　羞人答答　怏怏不悦 摇头摆尾　摇头晃脑　阴阳怪气　音容凄断　油头滑脑　咂嘴弄舌　张眉怒言 直眉瞪眼　不修边幅

笔者认为，通用成语大多数原来也存在着性别差异，随着时代的推移，通用成语逐渐增多。未来，伴随着越来越多的女性走出家庭，融入社会，男女之间将更加趋于平等。另一方面，如果社会上的“伪娘”或“男扮女”的爱好者越来越多，这样有关通用成语的分类，无疑将进一步变化。

通过观察两性通用的成语表格可以看出：人们嫌弃“瘦、弱不胜衣、无力、黄、青、黑、灰、垢脏”等词语。动物类的名词或形容词当中，“蜂目、猴子、鼠眼”这些词汇给人的印象也不好。行为上，“乔装打扮、装模作样、装腔作势、装神弄鬼、酸文假醋”等做作的行为也受到了负面评价。

正如定延氏在《角色大世界——日本 75》中讲述的：无论怎么豪爽地又喝又唱，一旦被人发觉那是装出来的“豪杰”，那么他就不是“豪杰”了。说任何话或做任何行动，想要表达“我是这样的一个人（比如是‘豪杰’）”的意图，如果被别人识破，那他的言行（豪爽的举动）作为那种角色（“豪杰”）的言行是失败的，是不被认可的。但是，有时候也会因为这种失败而成就了另一个复合性的角色形象，这就是破绽角色。例如，如果想扮演“二枚目（Nimaime，美男子）”的表现意图表露在外的话，对这种作为“二枚目（Nimaime，美男子）”而失败的人物会被附上叫“キザ（Kiza，装腔作势的人）”的角色形象。可见，真正的“美”不是扮演出来的。

6.2.5 成语里的角色和俗谚里的角色

值得注意的是，上面成语描写的角色几乎都是妓女和官僚或者富裕官僚地主的形象。只有一些诸如“面黄肌瘦、面如菜色、蓬头跣足、披头散发”的词汇描述的是农民或者落魄贵族。

我们在这里参考李慧文（2000）的俗谚调查，把成语里面的角色和俗谚里面的角色对比一下。李慧文对七部谚语词典进行了调查，共搜集到描写男性的俗谚 2060 条，其中反映男性社会地位与社会角色方面的俗谚约 729 条，反映男尊女卑方面的俗谚有 92 条，反映社会角色方面的有 638 条。她统计的“俗谚中的男女角色”如下，这张表格显示出俗谚中有各种职业和角色。

表 24　李慧文《汉语俗谚男性问题》（2000）

分类	社会地位	社会角色（共 638 条）				
	男尊女卑	为官	农夫	手工艺人	商人	其他
条数	92	364	124	112	24	13
角色百分比	12.5%	57%	19.4%	17.5%	3.79%	2.4%

表 25　（李慧文引用阮福禄《汉语俗谚女性问题初探》中统计的有关女性社会地位与社会角色的俗谚）

反映女性社会角色的（共 148 条）			
媒婆	妓女	丫鬟	其他
81.7%	6.8%	6.1%	5.1%

由此可见，俗谚里有各种各样的角色。甚至包括与懒汉、赌鬼有关的谚语。例如，“上了赌场，不认爹娘”。

罗米良（2011）在他的博士学位论文《现代日语副词描述框架研究》里提出，把“角色语言”理论应用到副词研究中的必要性和可行性。他指出，有一些日语副词只能被年轻人等特定的角色使用。他的看法是，研究日语副词只从曾有的句法与语义学的角度来研究是不够的，也需要从“角色”（就是修辞主体）的角度来研究，这样才能让语义和运用之间的关系更加明显，这也有利于日语教学。

周俊英、付欣辰（2005）通过英语体态语的研究，发现英语体态语习语语义特征有四种，即语义透明性（Semantic Transparency）、转义性（Semantic Transference）和语义晦涩性（Semantic Obliqueness）。笔者认为，汉语成语也有语义不透明和语义晦涩性（Semantic Obliqueness）。如果从“角色”的角度来进行汉语成语整理，其语义和运用的对象能够更加明确。

6.2.6　为什么外国人也要学成语

为什么我们要学成语？对于这个问题，中国人和外国人的回答会有一些分歧。但笔者认为成语的使用和说话者的角色有很大关系。如果只能用几个成语或者平时很难用到成语，或者没有心思积极学成语，别人看他的角色会怎么样？思考清楚这个问题，或许可以改变留学生学成语的动机和积极性。

我们先来看看目前在对外汉语成语教学研究方面的情况，作为2013年4月中国知网下载频率最高的关于对外成语教学方面的论文作者，张文一（2006）讲述的“留学生学习成语”的意义是：

> 成语是汉语词汇的重要组成部分，由于其鲜明的历史性和民族性及凝练简洁，生动形象的极强表现力，成为中华语言文化的瑰宝。对外汉语教学既是语言教学，又是“文化教学”，融文化知识于语言教学的始终，已成为对外汉语教学界的共识。成语所独具的历史文化价值，以及它公认的作为汉民族语言精华的特殊地位，使成语教学成为负有双重使命的词汇教学；成语是汉语的精华，是中华文化的凝缩，汉语成语的学习对于培养留学生学习汉语词汇知识，理解、掌握汉语词汇及其文化，全面提升留学生独立的汉语理解和语言应用能力，有重要作用。

沈莉娜（2007）在总结近十年来对外汉语教学中的成语教学经验时说：

> 成语是汉语词汇中的特殊一族，成语既是汉语言的瑰宝，又是汉民族文化的结晶，是中国的一颗璀璨明珠，它的数量庞大、结构定型、意义凝固、哲理丰富，并且广泛运用于现代汉语的书面语和口语中。

冯艳艳（2008）于2007年9月6日在上海外国语大学生活区的食堂门口，录取了数位汉语母语者的交流片断，发现在短短一个小时内，数位汉语母语者使用了“狼狈为奸”“心有灵犀”“一心一意”“有求必应”“名花有主”等数个成语。她从几个方面来解释了为什么留学生要学成语：“从成语在言语交际中的分布情况看成语教学的必要性，这有助于提高留学生的阅读能力，有助于提高留学生对汉语言文化的理解能力。”

笔者并不否认这些研究者的看法，但笔者认为，如果为了了解中国文化而学习汉语中的成语，动力不会很大，理解一部分成语应该就足够了。

张文一（2006）指出，据统计，在现代汉语中常用成语有三千多个，日常生活中的报刊、阅读都需要理解成语。他同时收集了拥有中高级汉语水平的留学生的184篇作文，对文章中的成语使用情况进行了研究和统计，结果表明留学生的成语使用量很低，每篇成语数仅为1.1个，每万字中成语数仅为10个。他同时调查了以《初中生新优秀作文》（金秋2005）和《初中生获奖作文宝典》（修订版）（百花文艺出版社，2005年版）等书，以《新华成语词典》（商务印书馆，1992年版）中所含的成语为判断标准，通过统计和运算，得到的结果是：中国初中生使用汉语成语的量是留学生的二至三倍。初中课本中出现的成语总数约843个，而中高级留学生成语输入量在张文一所选的教材中约有550个左右。

笔者认为，张文一（2006）研究的两个群体在作文里的成语使用频率，跟课本里出现的成语数量有关。不过最重要的是如果留学生在写作时，成语的使用率每万字中仅为10个，这样的水平远远不如中国初中生的水平。

日语教育界于2004年成立了“Academic Japanese”研究组，他们主要探讨留学生该学的日语教育内容，已经有丰硕的研究成果。研究组将留学生的日语能力学习目标设定为学生在日本的大学里受到指导和教育的时候需要的理解日语的能力和用日语表达的能力。具体的内容，每个学者都有自己的看法。主要是留学生用自己的母语已获得的学术能力，怎样“转移”到日语这样的目标语中。具体的目标有多种，例如培养他们小论文的写作能力、毕业论文的写法、口头发表能力等。作为中国的大学日语教师，笔者以“作为日语专业大学生，日语专业研究生，能说一口流利的日语”为目标指导。按照笔者的经验，也有些研究生看着日本动漫学日语，这种学语言的方式很轻松也有效果，但动漫的主角一般都是小学生、初高中生，这导致动漫里的登场人物的说话方式对于大学研究生不太合适。由于日语是角色语言比较发达的语言，只看动漫学日语很容易造成一些偏差。

写作需要成语运用能力。我们举个例子来解释，一般留学生，能够用“大家都知道”这样的口语，就能达到和汉语说话者沟通的目的。但写文章时，应该按照语境使用“众所周知”“家喻户晓”“无人不晓”等四字格成语，才能及格，要不然，他/她的文章看起来只是小学生的作文水平。以后学汉语写文章的外国人一定会增加，由于到现在为止还没有从语义可以查到成语的词典，现在外国留学生作为成人或者作为有一定学问的人，很难找到自己需要的成语。学术论文里的成语有哪些，学术发表必要的语言风格到底是什么，外国人为了建立知识分子的形象要选什么样的语言，这方面的研究希望以后得到重视。

汉语角色语言研究，揭开汉语的实际情况，又揭开中国国民在文化上、政治上、美学上、价值观念上的形象。角色语言既表达别人的角色，又表达自己的角色。每个人一般无意识的选择自己的形象，调整自己的角色语言。

第七章　命名行为和角色语言

日语“角色语言”的特点，表现在有很多自称词和句末语气词，而汉语角色语言的特点，则表现在体态语和描写体态的词汇比较多。

对于“角色”或者“人物形象”，除了语言和非语言行为的渠道以外，人们还有什么渠道去获得信息呢？

定延（2010）指出：“语言与角色形象的结合方式很丰富多彩，语言以外的其他形式也可以与角色形象相结合。”他在《角色大世界——日本》指出：“角色形象映于万物。”他指出，“作为角色形象，可以从行为的痕迹中来观察。我提到了文字及文章与美术品（第39节、第40节）。但是，角色形象的所在并不仅仅局限于此。我们随手使用的日用品、消费品，角色形象映射于其中也是不稀奇的。比如，咬出牙印的铅笔、一尘不染的眼镜、如蜕皮一样被扔在一旁的睡衣。一打开‘历史记录’就会出现很多‘问题’网页的浏览器软件。这些都可以告诉我们这些物品所有者的行为，其结果是强有力地告诉了所有者的‘为人’，即角色形象。”

“角色形象映于万物”，名字也是万物之一，而且比较有代表性。名字不仅是个人代号，而且具有深厚的文化内涵，也有性别差异、时代差异、地域性差异。我们在第七章里探讨中国人的名字和角色的关系。

7.1 汉语命名研究和特征

7.1.1 命名研究

近年，关于汉语人名研究的著作和论文陆续出版，其中不乏代表作。20世纪80年代，汉语人名研究处于初期阶段，研究成果较少，其中萧遥天先生的《中国人名的研究》（1987年）和王泉根先生的《华夏姓名面面观》（1988年）对人名的源流及特点进行了全方位的阐释。20世纪90年代以后，汉语人名研究逐渐走向成熟与深入。中国社会科学院语言文字应用研究所和山西大学计算机科学系合作，利用1982年全国人口普查资料，首次使用计算机对174 900个个人人名进行抽样综合统计。统计材料分别从全国六大区的七个省市（北京、上海、辽宁、陕西、四川、广东、福建）抽取，每处各抽2500人（《姓氏人名用字分级统计》，语文出版社，1991年版）。

于芳（2006）综述为：王建华先生的《文化的镜像——人名》（1990年）将人名置于文化研究的视野，揭示了人名这一语言符号表层下蕴含的极其深刻的文化内涵；潘文国先生所著的《实用命名艺术手册》（1994年），以洋洋洒洒三十万字将命名技巧和艺术作为研究的重点，较透彻地分析和总结了古今中外的种种命名技巧和艺术；纳日碧力戈先生的《姓名论》（1997年），采用了多学科交叉的方法研究姓名，力图在姓名学理论建构方面有所突破；陈建民先生在《中国语言和中国社会》（1999年）的“专名的时代特征”中，从时代和社会心态两方面来研究人名。此外，郭熙先生、王均先生等都从不同角度对汉语人名进行了研究，取得了一定的成果。在《修辞学习》《语文建设》等刊物上，也有些学者先后发表了许多关于汉语人名研究的文章，可以说，汉语人名研究在20世纪90年代以后进入了迅速发展并逐渐深入的阶段。

21 世纪还有谭汝为著述的《民俗文化语汇通论》（2004 年），这本著作是从民俗文化的角度来阐述人名的。

7.1.2　汉族名字命名特征

于芳（2006）指出，1990 年王建华曾经从汉语言文字的音、形、义三个方面来考察汉族的人名系统。他发现中国人在命名时注重：1. 音律美，节奏感，悦耳动听，朗朗上口；2. 利用汉字的形体变化为人名制造种种情趣或美感；3. 讲究意合，寓有含义。寄托父母对孩子的殷切希望。

章辉（2005）指出，中国人姓名深受儒家、道家等的文化思想影响，例如数学家陈三省，来自于《论语·学而》“子曰：吾日三省吾身”。汉语的音、形、义的特点反映名字的修辞。比如：（一）双关。例如，歌星“黎明”，与时间名词“黎明”双关。（二）反复。唐代诗人李白，字太白。“白”字反复。（三）顶真。唐代诗人杜牧，字牧之。“牧”字顶真。（四）排比。有家谱辈分用字的姓名连起来，从广义来看，也可以认为是一种排比。（五）汉语姓名存在避讳现象。避讳指的是对皇帝、圣人、祖先的名字不能直呼相犯，更不能有意仿效。秦朝以来的姓名历史中，西汉初避“邦”“雉”，东汉则避“秀”“庄”，唐代避“虎、渊、世、民”等，宋代避“匡、胤、恒”等。汉族文人阶层的人名系统有一个传统，在名字、字之外，还常常另取一个别号。

从此可见，中国人的起名十分讲究，也有哲学含义，富含修辞特征和音律之美。历史上，命名有重男轻女的倾向。这在 7.2 中详细阐述。我们在第七章，要从“角色”这新的角度来探讨中国人的命名行为。人名和男女、时代、地域、好坏等角色有什么关系。我们先看看先贤的研究。

7.2 命名和角色

7.2.1 男女有别

人名用字具有鲜明的时代特征和男女特征。

中国社会科学院语言文字应用研究所和山西大学计算机科学系合作调查统计，结果表明：

男性人名用字最多的前20位是：明 国 文 华 德 建 志 永 林 成 军 平 福 荣 生 海 金 忠 伟 玉

女性人名用字最多的前20位是：英 秀 玉 华 珍 兰 芳 丽 淑 桂 凤 素 梅 美 玲 红 春 云 琴 惠

从这里可以看出，除了“华”和“玉”这两个字以外，人名用字有男女差异。刘晨曦（2006）对湘潭大学在校的四个年级学生、出生时间大致为从1982年至1990年、共计18 482个本科生的姓名进行统计后发现，男子的姓名多用“国、建、志、德、强、波、海、勇、鹏、龙”等字；女子的姓名多用“娟、婷、艳、俊、玲”等字。许多字只出现在女名中，如，“妮、婧、婷、莉、娜”等。这些字大多含有“艹”头、“女”旁等属于女名专用字用到的偏旁；而男名专用字则比较少见。

白琼烨、张浩（2006）调查了360名于80年代和90年代出生的男女生（均是浙江省籍），结果发现，180名男生的名字中无一人出现“美、丽、艳”这一类字。男生名字中，基本没有“女”字旁和“王”字旁的字。相反，女生名字中较少有“山”字旁和“木”字旁的字。叠名男生很少。

从上面三种调查结果来看，男生的“国、建、志、海”等这类表明男生志向、豪迈、壮阔等的名字人气还在，女生人名用字有一些变化。女生用字的大多数是“女”字旁的。“俊”这个字，属于男、女通用。但从上面几个研究可以看出，也有时代性的差异。

7.2.2　时代有别

我们再看人名的时代性差异。关于命名年代差异方面的研究有：中国社会科学院和山西大学（1991）、王守恩（1995）、陈建民（1999）、章辉（2005）、白琼烨、张浩（2006）、刘晨曦（2006）、张荷，詹王（2010）、杨小宁（2012）等。

魏晋－唐

萧遥天《中国人名研究》中关于魏晋六朝期间人名这样写道：“观魏晋六朝期间人名最大的特色，莫过于在二名中喜用‘之’字。父子兄弟数代相袭，并不避讳。”另外，关于“之”字“喜用”的原因，书中提到：“好像‘之’字是贵族子弟的特别标志。几年前曾读过王瑶先生一篇论魏晋文人生活的文章，他疑这是天师道组织中用于名字的暗记，王羲之以及儿子王献之、孙子王静之三辈袭用，不必避讳。”在佛教最盛的南北朝，盛行以僧为名，僧智、僧佑、菩提之名甚多。唐末五代，战火连年，民生苦难，渴求太平如久旱望雨，遂皆喜以“彦”字为名，仅正史记录之名人就有一二百人之多。历史上，为适应魏晋时期兴起的排家谱的需要，在同辈中固定一字（辈分）、变换一字的“程式化双名”逐渐占了上风。从形式看，我国人名由魏晋以前的单名为主，发展到南北朝时期的单、双名平分秋色，再到后来的以双名为主（张书岩 1999）。

清朝　汉族名字的传统

王守恩（1995）根据对清光绪朝历科汉族进士共计 3943 人，以及咸、同年间捻军等农民起义领袖132人之名进行计量分析，将近代汉族命名加以分类，结果发现，进士、农民两组命名都可分成“期望作为名”“祝福祈吉名”“崇圣尚德名”“尊扬男性名”“家族名”“好成长寿名”“纪念名”“标志排行名”“卜兆名”及其他名等十大类，大类相同率为100%。

一大类：近代汉族命名中，把勉励与期望的感情用在命名当中的名字有：志昂、智敏、鸣盛、拔群、达材、振绪、功迪、建勋、建言等。居于第二位的是祝福祈吉名，如含“平、安、定、治、国、邦、泰、靖、赓、祥、瑞、盛、熙、光、庆”等字组成之名及“沛霖、兆丰、满仓、景福、有财、其亨”等。居于第三位的是蕴含了寄予对后人的教诲特别是品德方面的训诫的名字。如“宗道、明德、守纲”等。居于第四位的，是显示男性的尊高及阳刚之气的名字，例如以钢铁锟铜等金属、兵器和雷霆等自然现象寓扬的。居于第五位的，是家族名，常见的有“祖治、明源、崇先、念祖”等。居于第六位的，是许愿长寿名。其一是贱视名，即含有“猪、狗、赖、臭”等字的卑微俗贱、令人生厌之名。其二是神保名，如“天佑、佛保”等。其三是直接以“成”等字祈祝，如“乃微、玉成”等。其四是康寿名，如“汝康、积健、寿彭、延年”等。在农民起义领袖的名字中位居第七、进士名中位居第九的是标志辈分或排行的标志名。许多家族以宗谱规定了各个辈分的命名用字。例如，洪秀全原名仁坤，与其长兄仁发、次兄仁达、堂兄仁政、族弟仁开的名字中都含“仁”字，表明他们均属仁字辈。

关于女性的名字，王守恩指出：近代汉族命名习俗是重男轻女的。常见的女名大致有下列几类：第一，标志女性之名。使用“女、姐、妹、姑”等女性字或含“女”之字。第二，标志排行之名，如“大姑、二姐”等。第三，形容女性姿色、神态、装饰、性情之名，其用字为“娟、娇、嫣、彩、秀、惜、静、娴”等。第四，象征女性阴柔之名，多用“月、蟾、云、霞”等字。第五，将女性比为花鸟之名，含有“花、菊、梅、兰、凤、莺、燕”等字。第六，将女性视同闺物、珍玩之名。常用“环、琼、珠”等字。第七，宣扬妇德之名，惯用“贞、淑、洁、婉、蕴”等字。第八，宣扬缠足之名，如“金莲”。第九，重男盼男之名，如“亚男”表示女不如男，“招弟”取意即为生男。第十，无姓名与变姓名。

陈建民指出在半封建半殖民地的旧中国，文化程度低的家长相信名字和事物是一回事，他们给孩子取名总离不开吉祥如意，离不开对福禄寿的渴求。因此，孩子的名字常常表现出传统的人生理想和浓厚的语言迷信色彩。那时候，孩子名叫得福、来福、双喜、孝忠、大福、祖光、寿仁的较多。有些知识分子因与洋人教育有所接触，给孩子取名往往带上点洋味儿。如王彼得、许约翰、庄乔治、罗伯特等。有的名字还带上时代气息。如五四时期的“冯自由、张科学、刘平等”等。值得注意的是，没文化的女子出嫁后不能有自己的名字，一般是在夫姓后面加上父亲的姓氏。如陈门魏氏，省称“陈魏氏”，反映了男尊女卑思想。

笔者认为，字辈和宣扬女性缠足等文化之名，如金莲等这类名字，与中国文化有关，日本没有字辈制度，也没有缠足这类给女性身心带来痛苦的旧俗，因而也不会有这种命名方法。

1949 年以前到 1982 年　明显的时代差异

中国社会科学院语言文字应用研究所和山西大学计算机科学系合作的姓氏人名用字分析统计（1991）按出生时间划分，对人名按四个时期进行了分析：一期：1949 年 9 月 30 日以前；二期：1949 年 10 月 1 日至 1966 年 5 月 31 日；三期：1966 年 6 月 1 日至 1976 年 10 月 31 日；四期：1976 年 11 月 1 日至 1982 年 6 月 30 日。每期的用字从第一位到第十位如下：

第一期：英 秀 玉 珍 华 兰 桂 淑 文 明
第二期：华 英 玉 明 秀 国 丽 建 芳 文
第三期：红 华 军 文 英 明 丽 建 玉 春
第四期：华 丽 春 小 燕 红 军 伟 晓 艳

由此可见，在第二期新中国成立初期，“国、建”两个字出现了并列，在第三期“文革”时代，“红”字突然由第45位上升到第1位，“军”字由第41位上升到第3位。从这里可以看出时代的政治色彩很浓。

张书岩（1999）指出，20世纪50—60年代前半期，除了一些使用频率极高的女性传统名字外，据统计，取得最多的名字就是“建华、建国、建平、建军、和平、爱华、国华、国英、建民、志强、建明、建英、国强、新民、新华”等。许多重大的历史事件都在人名中得到反映。比如出生在抗美援朝战争期间的人取名为“抗美、保国、卫国”，出生在“大跃进”中的人取名“跃进、超英、超美、胜天、红专”，出生在三年困难时期的人取名“发奋、图强”。

杨小宁、王玲娟（2012）对来自西南地区某县人口进行调查，从20世纪50年代至21世纪前10年的真实姓名中，以十年为单位每十年随机抽取男女共500人，共计对3000个姓名进行了调查。

通过统计发现：1949年以来，中国人的姓名出现了明显的时代变化，表现出了各个时代的特征。比如，在1950年，诸如“卫国、建国、定国、兴国”的名字兴起。1953年，“定国、卫国、援朝”等名字兴起。1958年、1959年大量出现了“跃进、超英”等名字。19世纪60年代初有“必强、自立”，19世纪70年代有“革命、文革”等，以带有时代背景、政治色彩的名字最多。在现在的“50后”及“60后”中，还有传统文化色彩很浓厚的“德”字，该字的出现频率很高，此外还有“秀、英、华”等字。但“90后”的人名中，“德”字和“秀”字出现得很少了。不过，虽说“德”字在“50后”人名中出现率很高，但《姓氏人名用字分级统计》一书中，所调查的结果与之不太一致，这也许是由地域差异造成的。

1980—1990 年代　双名的人数大大增加

白琼烨、张浩（2006）以出生于 20 世纪 80 年代初及 90 年代的男女共计 360 人为调查对象，进行了调查，发现双名的人数大大增加，还出现了父母联姓名字，如“李王滕拓、刘张飞”等。由于独生子女比率增高，希望自己的姓氏也得以传承便出现了“复姓”。白琼烨、张浩指出，20 世纪 50 年代出现了不少类似“国军、建国、建华”等带有当时政治色彩的名字，但这类名字在 80 年代、90 年代出生的人身上已经比较少见了。

陈建民（1999）指出，伴随着改革开放，名字洋化现象逐渐增多。据《光明日报》1995 年 11 月 7 日报道，上海某街道的幼儿园中，取名“尼娜、丽莎、露莎”等洋名的小朋友将近 20 个，占了全园小朋友总数的 15%。

1978 年和 2008 年对比　性别特征开始淡化

张荷、詹王（2010）在北京市公安局搜集了 1978 年和 2008 年出生的人的名字，共计 500 多个，并将其进行了对比，发现三十年来，名字的差异主要表现在：双字名的普及、常用字的不同、叠音名减少、男女名字特征淡化、从四字成语或俗语中取名、虚词使用增多等方面，此外人们的命名习惯，在保留传统习惯的同时也受到国外文化的影响。

有关汉语名字的单字现象，西汉以前，中国的人名以单名居多。西汉末年，取双字名的人逐渐增加，直至明清已成习惯。可是到了 1949 年后，取单名者急剧增加，蔚然成风。到 20 世纪 90 年代初，单名是 1949 年前的数倍。然而，现在越来越多的人意识到单名的重名率很高，因此，两字名成为命名时的首选。叠音名减少。在 2008 年，人名上的性别差异变得非常模糊，性别特征开始淡化。

一些中性的字在男女姓名中也普遍存在，如：“思、逸、子、然、轩、宇、润、卓、晨、瑞、文、博”等。女起男名是向男权思想发起的挑战，也是男女平等的观念深入人心的体现。

另外，虚词使用增多。姓名中虚词与实词的组合，弥补了实词过“实”的不足，缓和了语气，丰富了实词的内涵。如“张子涵”的“子”。

白琼烨、张浩（2006）指出：在“90后、00后”中寻找出现频率高的字是很难的，这与新时期人们的眼界与思想的开阔有关。总之，政治色彩与传统人文色彩逐渐淡化，正在向生活化回归，这凸显了人们的打破束缚、渴望自由的心理镜像与时代图景。此外，“男性”与“女性”的“角色”边界趋于模糊与消融。

下面是刘晨曦（2006）对湘潭大学2002—2005级本科生（出生时间大致为1982—1990年）为对象进行调查的结果。它显示双名有呈上升的趋势。

统计重名情况为：

（1）单名的重名情况（这里列出的是重复率达70次以上的单名）：敏131、伟121、娟111、勇106、磊97、丹96、斌95、婷94、芳91、静90、亮90、鹏89、波81、艳77、俊72

（2）双名的重名情况：海燕30、振华27、丽娟22、丽娜17、志强16、志华15、俊杰15、志伟14、红梅12、鹏飞12、建军11、艳芳11、海军11、海波11、艳平10、红艳10、晓波10、小玲10、丽萍10、艳华10

他调查的用字情况为（出现200次以上的字）：

文451、华422、志355、丽337、伟121、艳321、明317、晓296、平296、辉286、海283、小279、龙270、军269、娟264、敏246、红243、芳236、波230、林226、玲211、勇205

我们从这里可以看出，“文、华、志、丽、伟、明、红、军、平、林、海”这些字在社会科学院 1991 年的调查结果里都有，可以说它们是 20 世纪 50—60 年间中国人喜爱的用字。“小、晓、艳”等字是在社科院调查的第四期中（1976 年 11 月 1 日至 1982 年 6 月 30 日）上升到前 10 位的字，这个字在 20 世纪八九十年代也受到人们的欢迎。

“小”“晓”用得多

刘晨曦（2006）指出，双名派生构词“小、晓”的使用频率都很高。他解释说：“自 20 世纪 80 年代以来，一个家庭只有一个小孩的情形越来越多见，在日常生活中，通常会用‘小 × ×’的昵称形式，将‘小’用于正式的名字中，固定于专名中，使得其缺乏实在的意义。”“‘晓’在《说文解字》中解释为‘明’也。但是其在人名中的出现情况，如‘晓燕、晓林、晓霞、晓莉、晓婷’，除‘晓林、晓霞’中的‘晓’有‘明’义外，其余都没有与此义相符的。因此认为将这些‘晓’看作‘小’在人名中的另一种形式更为合适。”

韵律美

刘晨曦指出，双音名字中，诸如：上声 + 阳平（小玲），阳平 + 阴平（鹏飞）等以扬调收尾的声调模式比较常见。

其他的特征

刘晨曦指出，在现在，将“高明、方向、田野”等词与姓进行巧妙的结合，还有以“龚里（公理）、袁帅（元帅）、程龙（成龙）”等谐音方式出现的名字增多。另外，与国际接轨，洋气十足的“丽娜（Lina）、露西（Lucy）”等音译词，“田甜、李黎”等叠音词，“刘李斌、杨章美芝”等用父母两姓、多姓连用方式也逐渐增多。此外，男女名字的性别模糊化现象也日益增多。

另外，朱益嫣（2009）在调查南通市中等专业学校 2007 级和 2008 级的 3420 个学生的姓名后，最后梳理出“90 后”学生姓名用字。

朱益嫣指出，90后学生的取名用字可谓五花八门。据统计，3420个学生姓名中，名的用字涉及670个汉字，还有141个诸如“玥、赟、霏、睿、莎、曦、怡、媛、琪、茜、婕、晔”等生僻字。双名用字中叠词也占了很大比重，如“茜茜、婷婷、圆圆、伟伟”等，共计416例，这其中，女生明显多于男生。

按照陈建民（1999）的解释，为了避免发生重名现象，有些知识分子家长捧着词典找一些生僻字给孩子取名。

从2005—2013年，笔者在中国的大学里面教日文，学生都是1982—1992年出生的“80后、90后”，从他们的名字里能够观察到刘晨曦得出的结论，即不少新生代人群的名字中多使用“文、华、志、丽、伟、艳、明、晓、平、辉、海、小、龙、军、娟、敏、红、芳、波、林、玲、勇”等字。可以说，这些字是21世纪最初十年，中国大学生取名用得最多的字。

笔者的学生名字当中，有的女生名叫“亚男、×俊、思华”，而男生也有人名叫“×晶”，这是一种男女名字模糊的现象。当然，也有上面列出的生僻字“玥、赟、霏、睿、莎、曦、怡、媛、琪、茜、婕”的例子，以及“珊珊、莎莎、欣欣、晶晶、婷婷”等叠音名字。

对此，张书岩（1999）总结为：“表现女性的美貌，过去是用‘兰、桂、芬、芳’等字，而现在是用‘婷、妍、嫣、娜、蕾、薇’。同样是表现女性的文静，过去是用‘娴、淑’，而现在是用‘静、洁、莹、晨、露、曦、晓、雪’。同样是表现聪慧，今天在‘聪、慧、敏’之外又更多地采用了‘颖、捷、睿’等字。‘刚、毅、勇、猛’虽然永远是男性名字的主题之一，然而在新时期也增加了新内容，这就是爱用有浪漫色彩的字，如‘波、涛、浪、飞、海、宇’等，同时‘彬、斌、博’等字的使用频率也增加了，这体现了对男子汉的全面要求。新时期，人们不再忌讳谈金钱财富，然而取名‘富贵、发财’的人却少了，而多采用‘璐、玮、琳、鑫’这样含蓄的字。此外，一些字形上有特征的字也受到青睐，如‘磊、鑫、焱、森’等等”。

7.2.3 地域有别

7.2.3.1 七大地区的用字差异

我们再次引用《姓氏人名用字分析统计》（1991）的调查结果，来看看七个地区的人在人名用字上有何区别。

表 26 七大地区人名用字

地区	1	2	3	4
北京	淑	秀	英	玉
上海	英	华	芳	明
陕西	英	芳	秀	玉
辽宁	玉	贵	英	华
四川	华	秀	英	明
广东	亚	英	华	明
福建	丽	秀	治	美

根据《姓氏人名用字分析统计》（1991）p.107

从表中可知使用最多的四个字是：英 华 玉 秀。由此可见，中国的人名用字，地域差别较为明显。中国社会科学院对地区差别的形成从几个方面进行了分析，认为：第一，方言的不同，比如陕西、四川把孩子叫“娃儿”，广东叫“仔”。“娘”在普通话中指“妈”，而闽方言的“娘”保留着本义“姑娘”，所以福建人的名字中，“娘”字出现的频率较高。在广东、上海，人们都爱在人名前加个“阿”字，上海直接写作“阿”，广东却写作“亚”，“亚”字在广东人名中占了首位。第二，心理的不同，如同样希望男孩子长大勇猛，陕西人想到的是老虎，所以叫“虎”的多，而福建人想到的是狮子，所以叫“狮”的人多。第三，起名习惯的不同。如“好”虽是个好字眼儿，但大部分地区不直接用它起名，而广东、福建人名中，“好”字经常出现。第四，传统习俗、思想的保留。中国过去讲阴阳五行。个人的“五行”中缺什么,他的名字中就要加什么。如广东湛江地区化州的同庆公社，带“金水木水火”的名字比比皆是。第五，地理历史原因，有些字在某一地区出现得特别多，和这个地区地理、历史有很大关系。比如“京”字在北京人的取名中较多，北京一带古称“燕”，所以北京地区以“燕”为名的也不少。

陈建民（1999）指出，北京女孩子的名字中带“淑”的最多，而在上海“淑”字最少。北方男孩子不少人名叫“铁柱、铁锁”，上海男孩子不少人名叫“有根、大根”，广东男孩子的名字中嵌入“雄、豪、杰、威”等字的较多，显示出咄咄逼人的架势，而广东、福建人的名字中嵌入“球（男）、圆（女）”的也不乏其人，北京人却忌讳说“蛋”，因而忌用与鸡蛋形状相似的“球、圆”一类字眼给孩子取名。

与广东和福建相比，另外5个地区有很大的区别，这可能是南方文化、语言、习惯和北方文化、语言习惯存有较大差异造成的。

7.2.3.2 港台与大陆人名的差异

接下来，笔者以明星为例分析港台人名与大陆人名的差异。我们利用徐鲲（2008）的研究，分别对单名、双名进行了比较，制成了对比表。

表 27　港台与大陆歌手名字的差异

	港台歌手	大陆歌手
男	费翔、齐秦 陈奕迅、费玉清、古巨基、高明骏 黄舒骏、黄品源、姜育恒、 罗大佑、罗百吉、任贤齐、童安格 伍思凯、熊天平、周华健 张洪量、周治平	崔健、高峰、戴军、杨坤、江涛、刘欢 毛宁、孙楠 蔡国庆、陈少华、付笛声、冯晓泉 高林生、景岗山、李春波、罗中旭 满文军、孙国庆、屠洪刚、解晓东
女	蔡琴、齐豫 蔡依林、陈慧娴、戴佩妮、凤飞飞 高胜美、关淑怡、李翊君 莫文蔚、潘美辰、潘越云 许如芸、伊能静 叶倩文、张清芳	艾敬、陈明、陈琳、甘萍、韩红、那英 孙悦、田震、汤灿、叶蓓 陈思思、成方圆、董文华、关牧村 李玲玉、毛阿敏、宋祖英 杨钰莹、朱哲琴

徐鲲（2008）分析认为：

一、港台人名较大陆人名更优雅、更有诗意、更具有中国传统文化的内蕴，女性的名字更有女人味。究其原因，这与港台（尤其是台湾）对中国传统文化的继承分不开。

二、大陆人名的政治色彩、意识形态色彩、国家民族色彩比港台鲜明得多。例如 30 岁以上的人名字叫“建国、建设、国庆、爱国、爱华、国强、跃进、卫兵、小兵、学军、学兵”的相当普遍，比如歌手中就有“蔡国庆、孙国庆、戴军”等名字，这些名字共性多、个性少，反映了当时浓厚的共产主义、集体主义、爱国主义、英雄主义等意识形态社会氛围。相比而言，港台人名中极少具有以上特征。

三、大陆人名中单名比例比港台高。笔者认为，随着两岸频交流日益频繁，大陆人名逐渐个性化，与港台的名字差异会减少。另一方面，随着对在地文化的重视，未来或出现带有地域文化特色，方言色彩很浓的名字。

我们在这里探讨男女、时代、地域性的名字差异，不是要阐明中国名字的特征，而是要阐明名字和角色的关系。像金水敏的角色语言的定义一样，人们一提到其名字，就知道他/她是男性还是女性，是哪个地方的人，是什么时代出生的人。从上面的例子来说，我们可以判断汉语名字本身就体现了角色。按照上面总结的规律，连笔者也能够给小说或电视剧里面的人物起个名字，或者一看人名就可以猜测他是什么年代出生的人。那么虚构的作品当中，角色和名字有什么关系，我们以一部电视剧为例子来讨论。

7.2.4 虚构作品和角色名字

笔者以2006年在中国播出，受到人们欢迎的一部电视剧《金婚》为例，对虚构作品里的名字做一个分析。《金婚》故事开始于新中国热火朝天大搞建设的1956年，佟志与文丽是一对平凡夫妻，他们的婚姻始于阳光灿烂的50年代，中间经过了60年代、70年代、80年代、90年代，然后翻开新世纪，他们经历了新中国历史上变化最

表28　电视剧《金婚》里的角色名字

	佟志		文丽		庄玉心	高淑贞
儿女（出生年）	燕妮（1959）	南方（1962）	多多（1964）	思博（1972）	儿子跃进，小名狗子（1959）	
孩子的配偶/对象	燕妮的丈夫刘强/燕妮离婚后的年轻男友程洪阳	苏戈	庄跃进	倩倩（大宝的女友）/卢珊（大宝老婆）	多多（佟志、文丽的老三）	
外遇	李天骄（女技术员）喜欢佟志		新来的同事小夏（年轻老师，喜欢上文丽）		梅梅（文丽的表妹）跟庄玉心有关系	
其他	方卓娅（佟志的女同学，也追过佟志）改名为： 方红兵 姚舒拉 姚爱伦					

激烈的这五十年。该剧以编年体的形式，一年又一年地讲述了这对夫妻五十年坎坷的婚姻史。他们生了三个女儿和一个儿子。邻居是佟志的哥们儿大庄和从农村出来的妻子庄嫂，他们的名字叫庄玉心和高淑贞，他们有一个儿子。主角和重要的配角名字如表28。

故事从1956年开始，重工机械厂年轻技术员佟志在朋友大庄的婚礼上认识了小学数学教师文丽。佟志与“同志”是谐音，给人以1950年代劳动模范同志的印象。人们一听“文丽”就自然而然联想到“斯文、美丽”，也想起了“文理”这一概念。他们的老大“燕妮”出生在1959年，这个名字是马克思的妻子的名字，50年代中国工业化很成功，其中不乏苏联的支持，“燕妮”这个名字或许与这种时代背景有关。

邻居大庄夫妇生了个儿子，名字叫跃进，小名叫狗子，所以庄嫂一般叫他狗子。从他的名字可以判断出他出生时是大跃进的时代（1958至1960年上半年）。狗子父亲叫庄玉心，有点像女性的名字，但在50年代前，“玉”是“高频字”。他姓“庄”像“庄家”，他的农民太太名叫“淑贞”，也有时代感，有点俗气。

佟志、文丽夫妻的老二名叫“南方”，出生在1962年。在中国1959—1961年期间，由于“大跃进”以及牺牲农业发展工业的政策导致了全国性的粮食短缺和饥荒，文丽因为饥饿，导致难产，最后生下来的又是女孩，她非常失望，后来，他们将这个孩子送给在重庆的佟母抚养。夫妻住的地方是北京，从北京来看，重庆在南方，名字中也包含了这个含义。

文丽生的老三名叫多多，又是女孩，所以是多余的意思。电视剧里面也提到了“她是多余的孩子”。他们儿子到1972年才出生，小名大宝，因为他是文丽夫妇盼望已久的男孩子，所以一直都被称为大宝。他的正名是思博。这像张荷、詹王（2010）在北京进行对比研究时所发现的那样，“思、文、博”等在当时都是高频的名字，而且这些都是男女通用、性别模糊的字。1978 年的男孩名通常都强调勇猛、粗犷的特征，比如“建锋、鹏飞、国剑”等，在那个年代取名“思博”，也许意识上有点超前。

1970 年，佟志在学习班上见到曾经的恋人、同学方卓娅（已改名“方红兵”），方红兵婚姻生活不幸，重新追求佟志。卓娅是苏联伟大的反法西斯卫国战争中的女英雄。1970 年是“文革”时期，她改名为“红兵”，很符合 7.2.2 中论述的政治性用字。陈建民（1999）也指出“‘文革’中出生的人多取名‘卫军、学军、小红、红兵’”。第 42 集中，方红兵改了名，她说：“那（红兵）是‘文革’的产物。”1997 年香港回归，又改名叫姚爱伦，爱伦是 Allen 英文名字英译过来的，因为她主要在香港做生意，常常去欧美，必须要有外国名字。

另外，李天骄（女技术员）也喜欢佟志，佟志对她也有意。“天骄”，听起来像男性的名字，她是女技术员，后来当上佟志的上司。“天骄”是汉时匈奴单于的自称，意为“天之骄子”，后来这个词被用来称某些北方强盛的民族或其君主。李天骄被取名为“天骄”，这很可能暗示着李天骄在夫妻生活中，处于“进攻者”的角色。因为文丽佟志两地分居，李天骄常常很主动地接近佟志。

梅梅是文丽的表妹，跟大庄一直有关系。梅梅和“妹妹”谐音，这既是女性多用的花名，也包含了梅梅是文丽的“表妹”的意思。这种双关让观众很容易记住了她的角色。

关于女儿们的丈夫，大女儿燕妮的丈夫叫刘强，“强”这个字中蕴含着“中国希望国强、富强的时代愿望”。南方（1962）的丈夫叫“苏戈”。“戈”是古代的一种兵器，按照他出生的年代，也许跟苏联斗争的历史背景有关。另外，他后来跟南方一起去美国，“戈”字多用于音译名，例如“德拉戈 Drago”，或“苏戈拉底”“戈尔巴乔夫”，这也许也暗示着他是海归派。大宝的女友叫倩倩。大宝是花花公子，结婚比较晚，所以作者将他的女友设定为 20 世纪 80 年代出生的年轻女性形象。

由此可见，电视剧《金婚》里的角色名字，都反映出取名带有政治性、时代性的特征，不过另一方面值得一提的是，每个名字都有对每个角色的暗示。例如佟志、文丽的名字中有身份的暗示（佟志：技术同志，文丽：数学老师），梅梅跟文丽有排名关系。关于“淑贞”，我请教过几位中国朋友，一听“淑贞”有什么印象？他们回答，“50-60 岁的妇女，听起来很俗”。作者如此取名，很容易让观众记住谁是谁，也一定会帮助观众辨认登场人物和增进对故事的理解。另外，文丽和淑贞的名字，暗示着城市知识青年和农村的对立。

2008 年播出的青春励志电视剧《我的青春谁做主》，这是一部讲述一个家庭里三个表姐妹的青春故事，三个表姐妹的名字都很奇怪，很有个性，她们叫“赵青楚、钱小样、李霹雳”。青楚是律师，出类拔萃的社会精英。小样很可爱，是没有学历而热爱奋斗的女孩。霹雳是被娇惯长大的女孩，父母深信她在英国留学，其实她偷偷留在北京自己开餐厅，这让父亲震惊又愧疚，难以接受女儿做出了这么一件“晴天霹雳”的事情。从这里也可以看出，登场人物的名字都暗示着她们的角色。某种程度上，也可以说，都继承了中国古典文学里的传统笔法。例如，关于《红楼梦》的人名研究，可以见诸许多“红学”研究论著。邓进（2009）引用赵冈（1982）《红楼梦里的人名》（上海古籍出版社）的分析：《红楼梦》人物命名有两个原则：第一个原则“以人名暗隐具有特殊含义的字”，如“甄士隐（真事隐）、贾雨村（假语存）”。第二个原则“把配角人物如丫鬟书童等名字整齐排列，配成一套”，如四春的丫鬟为“琴、棋、书、画”，宝玉小厮为“双瑞、双寿、焙茗、锄药”。

近年来，随着对《红楼梦》研究的进一步深入，其他研究者也对这部著作里主要人物的姓名进行了分析。

陈永国（2005）指出，（一）主人公姓名揭示了作品中人物的性格特征。如《红楼梦》中的秦钟就是个“情种”、詹光就是“沾光”、甄费是“真（是）废（物）”、张如圭便是“张如鬼”，卜世仁即“不是人”、单聘仁乃“擅骗人”、卜固修为“不顾羞”等等。（二）故事情节发展之隐喻。“霍启”乃《红楼梦》中乡宦甄士隐的家仆，音谐“祸起”或“祸启”，即“灾难的开始”。

7.2.5 虚构作品里的名字和性格

日本学者奥田宽也对中国革命小说中的人名进行了相关研究。他分析了中国革命小说里角色和名字的关系，发现特定的名字代表着好角色，比如革命英雄、战斗农民等，而另一些特定的名字则指代着坏角色，例如地主等。按照他的分类，笔者进行了整理，做成了表格。

表 29 好角色和坏角色的名字

好角色		坏角色	
红	红、红雨、有红、正红、志红、淑红、纯红	德	德、德发、德奎、德泰、德利、德贤、叉德
勇	勇志、智勇、大勇	善	传善、积善、之善、善人
忠	老忠、宝忠、国忠	富	富高、富贵、富海、春富、占福、尊富、长富
杰	杰、赤杰	贵	贵、富贵、世贵
志	志军、志昌、志清、志红	敬	敬臣、敬仁
海	全海、大海、震海、振海	世	世富、世才、世贵、得世、世铭
涛	向涛、春涛	仁	仁品、守仁、宪仁、里仁、仁德、炳仁、仁义
山	山秀、青山、振山、玉山	贤	继贤、左贤

（续表）

好角色		坏角色	
峰	剑峰	文	文魁、文盛、祝文
江	江、振江	泰	安泰、长泰、德泰、魁泰
水	春水、大水、小水		
松	承松、茂松、松柱		
柱	柱儿、柱子、大柱、石柱		
春	春、春喜、春水、万春、春红		
其他	大荣、克礼、立民、保中、行义、铁成	其他	可意、梦远、金贵、聚财、进财 得云、庆儒、树楼、树阁、无常 延年、耀祖、尊富、旺禄、阿四

（根据奥田宽《中国人的非语言交际》1997）

奥田宽总结为：好角色的名字除了用表示革命斗争的“红、志、勇”等字以外，还有表示自然的汉字较多。第一，这是因为当时作者考虑到当时的国民当中有许多没有学历的穷困农民，所以决定以周围的风物来命名。第二，那个年代儒家思想已经是无用的了，为了取得解放战争的胜利，不用旧思想性的字取名比较好，而转向喜好用“海、江、山”等表示伟大强大的自然物来命名，这更能突出豪爽活跃的英雄形象。

例如，2009年电视剧《走西口》，讲述的是民国初年，山西的田家大院，由于“田耀祖”奢侈好赌，最后导致家破人亡的故事。电视剧里有“梁满囤”这个配角，他是田青的姐夫，心胸狭窄、胆小、小算计，跟田青一起走西口，为了在包头出人头地，狠心做了“陈世美”，休了他的童养媳田丹丹。满囤是坏角色。“满囤”可以是农民也可以是地主的名字。

倪学礼（2005）指出，电视剧继承了小说、戏剧、电影关于人物功能的理念以及人物形象理论的发展。我们必须明白，善与恶的标准是区分主要人物的条件。主要人物应该是正面人物，即维护社会秩序及社会准则的英雄。

总而言之，剧作家利用自己的角色语言和人们心目当中的刻板印象，来塑造人名和人物。

7.2.6 姓和角色

根据中国社会科学院（1991）的调查表明，“王、陈、李、张、刘”是1133个姓当中，使用人数最多的5个姓。复姓有“欧阳、皇甫、司徒”等8个，“刘王、宋刘”等双姓有396个。

罗常培先生在《语言与文化》里说：“从姓氏上有时还可以窥察他的来源。”例如，尉迟氏是唐朝望族，康姓出生于康国（Samrkand），米姓出于《西域记》的弭秣贺（Maymurgh），安姓出于安国（Bukhara），还有慕容氏本来是鲜卑姓，他的后裔分成了两支：一支是广东东莞容氏，一支是山东蓬莱慕氏。

另外，从姓氏上也可以反映出一个人的宗教信仰。中国回族的姓固然跟汉人相同，比如有“张、王、刘”等姓，但同时也有“回、哈、喇、拜、萨、洒、穆”等回族姓。人们根据这些姓氏就可以推断他们是否是伊斯兰教徒。创作者们也应该会有意识、无意识地利用这种中国姓氏，来塑造人物。

奥田宽（1997）指出，除了名字以外，在中国革命小说里，姓和角色也有关系。例如，“贾、魏、钱、金、孔、刁、胡、黑、黄、白”和“龟野、横田、黑田”等日本人名字是坏角色会用的姓。“贾”跟“假”是谐音，“魏”和“伪”都是谐音，“钱、金”令人联想到“很执着要赚钱的人”，“黑、黄、白”的颜色在中文当中形象不大好、不吉利，“胡”是“胡说”的意思、“龟”多用于骂人的话，“野”有“野蛮”的意思，“横”很容易想到蛮横。

日本名字当中，也有一些笔名利用谐音去表达调侃或尊敬之意。

例如，明治时代的文学家双叶亭四迷（Futabatei Simei），他的名字的意思是“你这个挨刀的”，是骂人的话。作曲家久石让（Hisaishi Jho），他的姓“久石”是训读，如果用日语的音读就成“Kuishi Jho”，是他借用了自己喜爱的美国音乐家 Quincy Jones 的名字，两个名字的读音听起来很像。不过相对于中国，这种现象在日本并不太多。笔者认为姓名的角色化也是中国命名行为当中的一大特点。

谭汝为（2004）指出，也有人以相貌特征取名的。“旧时农夫渔民、摊贩工匠、市井小民等以相貌特征为名……例如敦煌户籍中有‘樊黑头’、元朝初年福建农民起义领袖名叫‘陈吊眼儿’。例如‘张拐子’‘郭秃子’‘王麻子’‘孙矮腿’等。”也有“旧时在城镇里从事商业和工业的市民阶层，以行业为名的民俗。例如：宋代孟远老在笔记《东京梦华录》中记载，在北宋首都汴梁城内有‘炭张家’‘乳酪张家’等……历史悠久的地方风味小吃就有如‘赖汤圆’‘张凉粉’等等。……这种命名在创始者成名之后，为了树立招牌，扩大影响而改名。后来，这个名字就成为某一风味食品或工艺品世家的店堂称谓了。”

这属于名字的招牌化，名字和职业相连从而固定化的例子。比如电视剧《走西口》里有革命英雄“徐木匠”。一看他的名字就能知道他的身份，可以说是一种名字的角色化。

7.2.7　中日命名行为对比

命名行为不仅仅应用于人名，城市街道名、楼盘名、店名、企业名字、商品、化妆品、菜名、酒名、动物、宠物名字、小说名字、诗歌名字、电影名字、农产品等已经都有了相关研究。

笔者首先在大学停车场，发现中国自行车的品牌名字跟日本的自行车品牌名字有些差异，所以对两国的命名行为产生了兴趣。

2008 年 6 月，笔者对中日大学生进行了命名调查。以“冰箱、饮料、香水、自行车、汽车、感冒药、网名”为命名对象，向日本的圣心女子大学和东京理科大学、上智大学、立教大学等几个大学的 61 个人（男生 38 名、女生 23 名）进行了问卷调查，向中国华中科技大学和中南民族大学日语系的 50 个学生（男生 17 名、女生 43 名）也发放了调查问卷，进行了如下设问。设问的内容是“如果您是开发者，对这些商品等你想取什么名字？有什么理由？”

调查结果如下。

表 30 中日大学生的命名行为特征

命名对象	日本大学生的特征	中国大学生的特征
冰箱	用“冰”字 3 个，南极、北极 0 用“鲜”字 5 个，动词，形容词的派生 15 个，带有 eco（环保），冷子，冷库太郎等名字系列 4 个	用“冰”字 17 个，南极、北极 12 个，用“鲜”字 8 个。典故类，寒宫
饮料	运动饮料类 14 个、爽快茶 10 个、茶饮料类 5 个、新创造系 8 个（例如咖喱饮料、理科大专用等）	“怡心、沁爽”类 12 个、“心泉、清泉”矿泉水类 9 个、“初恋、青苹果”类 8 个、“動力”等运动饮料类 2 个。典故类，“玉の露”“思源”
香水	和风类（桜、大和撫子）11 个、性感 6 个（也有男性用的）、英文字母的 13 个、片假名的 26 个。	感觉形象性的名字例如 Remember Me 等 17 个、草花类（草韻、出水芙蓉、满庭の芳）14 个、用片假名，英文字母的 13 个，恋人类 9 个、典故类（香妃子等）7 个
自行车	轻便类“楽のり（好骑）、らくこぎ（轻便）18 个。环保类 6 个、某 chali（～チャリ）类 5 个、概念化的（旅行车、爬山车、轻量车等）19 个	鸟类（轻燕、飞等）9 个、马类 9 个（之中千里马、飒露紫等典故类 5 个），别的典故类（风火轮等）3 个，风类 8 类
汽车	环保类（Earth、スイカ（水素カー））18 个，可爱的动物类 5 个，动物 2 个。	有速度感的猛兽类（迅馳、疾豹）12 个，风・自然类（旋風、风雷、风雷）12、典故类（赤兔）5 个，质量类［久安（又耐用又安全的意思）、安安］7 个，哲学类（永遠、品味）6 个，再封建化类 2 个（君御、皇冠）

（续表）

命名对象	日本大学生的特征	中国大学生的特征
感冒药	風邪○○类（風邪治し、カゼケア）9个，“即効”类8个，和语动词词尾“ル（ru）、；ン（n）”の药名化（カゼナオール；感冒好了）、治る一ぜ（治好噢）12个、用句子类7个（いたいのいたいのとんでゆけ~！；疼啊，疼啊，快消失咯）、薬は飲まないほうがよい（最好不要吃药）、治る気がする（觉得会好）、マズイよう！（不好吃，良药苦口）	風邪○○类（風邪爽、風邪对散剂）11个，“即効”类3个，带“康”类（感康、感康灵、安康等）7个，现有类（白加黑、感康等）3个，典故类（仲景散）1个
网名	自己名字的一部分和昵称类17个，特色类（curio，I）9个，明星、动漫、作家的名字7个，带数字类3个。·误解为网站名12个	昵称，喜欢的名字类（akikojan、昏昏）10个，日语类24个，典故类（花陰）4个·误解为网站名24个

结果发现，日本学生对冰箱、汽车等用电用燃料的商品，取带有环保意识的名字非常多，还有从动词、形容词句子或者派生名词取名的共有15个，例如“冷えるんです（冷制）、冷え冷え君（冰镇君）、あっもう冷えてる?（哦，已经凉了吗?）”。中国大学生用得最多的字是“冰”字，第二位是“南极、北极”系列的有12个。在日本，不少类似商品都用日本的动词或者形容词去命名。

由此可见，有关商品的命名行为，中日大学生受现有商品的名字和广告的影响非常大。中日大学生用的共同的名字有“鲜”字以及“企鹅、北极熊”等名字。中国大学生取名有自己的特点，比如“寒宫”这个名字来自民间故事。饮料商品名字中有“思源”这个名字，它来自成语“饮水思源”。自行车有“千里马、飒露紫、风火轮”等名字，都来自典故。日本大学生命名的特点是创造类和概念化的名字比较多。在日本人的意识中，自行车已经没有了作为一种速度飞快的交通工具的形象，而是作为一种轻便的带有娱乐性功能的工具而被使用。在中国，不少上班族还在使用自行车，自行车对不少中国人来说仍是一种速度较快的交通工具，而且骑行带给人的感觉很爽。所以，中国学生为自行车取了诸如“千里马、飞鸟、风”之类的名字。

又比如香水，是从西方引进的舶来品，给人的印象是英文字母比较多。而在日本有和风香水的概念和男性用香水等品种分类。所以，日本学生为香水取了上述的名字。

此外，汽车的命名也有很大的差异。中国学生取的名字当中，有猛兽类的命名（包括马），也有从耐用安全方面角度考虑的命名和从典故类出发的命名。值得注意的是，有不少学生用“君、皇”等字取名，笔者把它称为“再封建化”类的名字。按照笔者的观察，随着经济的发达，特别是豪华公寓、楼盘、酒店、婚纱摄影馆等相继出现，现在有很多“再封建化”的名字。除了笔者自己的观察，张玥（2006）指出；武汉有的楼盘名还在采用“帝庭、皇朝新城、皇都花园、东宫世家、中皇外滩、豪门府邸”等名字，这类专名听上去意味着只给尊贵之人居住，带有浓厚的封建色彩，与社会主义精神文明背道而驰，应加以规范。

关于网名，有些中日大学生都误解。给网站起名的中日学生各有 20 多位，日本学生有从自己喜欢的明星、作家或动漫角色来命名的，但这还不能叫典故类。

总的来说，中日大学生都较易受现有商品和广告文本的影响，但日本大学生比较喜欢先“概念化”商品，然后再对商品进行命名，几乎没有典故类的命名，但中国学生的答案中，每个项目都有典故类。可以说，日本学生比较喜欢创新，中国学生则比较喜欢温故知新。

陈建民（1999）指出：“有的店名与名人笔下名称有关。如‘咸亨酒店’‘孔乙己酒店’‘祥林嫂饭店’‘未庄餐厅’等，都是以鲁迅笔下的人名、地名、店名作为商店字号来凸显店家浓厚的文化氛围。有的店名来自典故，让人回味无穷。‘天外’（酒楼）出自唐代诗人宋之问的诗句：‘桂子月中落，天香云外飘’；‘居无竹’（饭店）出自苏东坡的佳句：‘可使食无肉，不可使居无竹。无肉令人瘦，无竹令人俗’……总之，好的店名都是文化品位高，有个性，为群众所喜爱的店名。”

名字里面有男女、年代、地区、身份的角色，命名行为里也有他的身份提示。看来，中国的命名行为，特别是文人或者说大学生这样的知识分子的语言行为离不开“典故主义”，这种习惯现在通过观察大家的网名能仍体会。所以要当中国知识分子的角色，应该要具备一定的典故知识。

第八章　网络语言和话语角色

在前几章我们主要探讨了影视剧里的“汉语角色语言”和方言，中国传统的角色语言，非语言行为当中的“角色语言”，构建学术形象和汉语教学的问题，命名行为里的“角色语言”等几个问题。

在有画面、有语音的世界里，形象和语言比较容易构建和联系起来，而网络世界是缺乏语音的世界，表达角色的画像也不多。那么，在这种片面性的空间里，人们如何进行自我认同，作为一个中国网民如何建立起自己的角色形象来进行交流呢？

笔者认为，我们可以从一个人的名字以及相关的命名行为，来联想到这个人的性别、年龄、地域、身份。日本学者提倡“角色语气词”，这主要是网民为了塑造角色而新建的句末语气词。日本学者还提出了“话语角色转换”这个角色现象。

我们在这里要探讨的是网络世界里的角色，在中国的网络世界里，存在着类似的现象吗？如果有的话，这种角色现象起着什么样的作用呢？

为了寻找这些问题的答案，我们在这里要探讨以下几个问题。

第一是网名；第二是网络上的“话语角色”和角色转换的现象；第三是从网络里存在着的“角色现象”角度来看汉语语言的若干问题。

8.1　网名

张云辉（2010）在《网络语言语法与语用研究》一书里，阐述了网络文学里角色的特点。她说，中国从近十年前开始，苏联文学家巴赫金的文学理论在学界越来越热，“而网络文学是验证巴赫金狂欢化文学理论的体现”。

笔者也看过几篇相关的论文。“狂欢化”源于狂欢节，狂欢节没有门槛，任何人都可以参与其中，众生平等，不拘泥于礼教，是一种让“亲昵接触、插科打诨”等突破礼教限制，成为正常行为的交往活动。“狂欢节”主要追求快乐，弘扬交际和更新，反对凝固和僵化，没有条条框框的限制，呈现出多元化的形式。笔者认为，网络上的“角色交流现象”正是狂欢化理论的体现。这里所说的“角色交流现象”是指网民用网名或者自己的名字登录上网，在交际过程当中出现的为了表达自己的性格、形象或者他人角色而使用的一种语言。

首先我们要探讨的是，网名是否跟现实生活上的名字一样，存在着性别、年龄、时代、地区的差异？人们一看他的网名，是否就能知道他的属性和性格等角色？网络上的角色会引起什么样的语言现象？

8.1.1 网络语言研究和网名研究

首先，我们来看看对网络语言和网名研究的现状。

根据中国互联网络信息中心（CNNIC）2012 年发布的最新研究报告《互联网发展信息与动态》显示，截至 2012 年 10 月底，中国网民数量达到 5.55 亿，互联网普及率为 41.4%。

我们回顾一下网络语言研究。在王用源、李爽等（2012）“网络语言研究现状及存在问题浅析”一文中，作者通过中国期刊全文数据库（CNKI）对网络语言的研究情况进行了跨库检索，结果显示，截止到 2012 年 8 月 20 日，论文题目中含有“网络语言”的论文总共有1650篇，含有“网络用语”一词的论文共有102篇，含有“网络词语”论文总共105篇，合计1857篇。用论文关键词进行检索，含“网络语言”一词的论文高达4254篇，含“网络用语”一词的论文高达506篇，含“网络词语”一词的论文高达392篇，合计高达5152篇。由此可见，学界对网络语言研究的关注程度之高，研究人员之多。不过，从总体来看，发表于核心类期刊（CSSCI）的文章很少，一般期刊文章则很多。从1994—2000年，学者们讨论的重点是对待网络语言的态度和网络语言的规范问题，也初步讨论了网络语言的一些性质、形式特征和修辞现象。从2001—2005年，学者们讨论的重点则是网络语言的性质以及形式问题，称“网络语言”具有“创造性、形象化、简洁性”和“欠规范”四大特点。何自然（2005）从“模因论”的视角出发，认为网络语言的形成是“模因作用”的结果。从2006—2010年，兴起了对网络语言的意义及社会认知心理的研究。其中，许多论文在继续讨论网络语言的性质，但是观点大同小异，重复较多，系统的理论研究少，创新成果少，未能超越前一阶段学者们的研究水平。有关于的硕士学位论文则多达158篇。

8.1.2 网名的特征和时代、性别、地方差异

刘澎心、吴十日（2005）把“网名”定义为：“计算机用户在网上使用的名字，也叫作昵称。”陈李军（2011）把四十篇左右的有关文章，从网名类型、特点、动机、因素、文化心理、语言、修辞特征等多个角度来分类。这证明在学界讨论网名的文章也已经相当多。

对于网名的特征和时代性、性别、地方性等差异问题，我们在这里利用比较有代表性的两本网络语言研究专著的解释来说明。

一本是于根元主编的《网络语言概说》（中国经济出版社 2001 年版），另一本是张云辉的《网络语言语法与语用研究》（学林出版社 2010 年版）。两本书几乎间隔了十年出版，除了网名命名特点的看法以外，我们可知其时代性变化。

（1）于根元主编的《网络语言概说》（2001）一书中指出：网络上的交往是"隐身"的，这是网民发挥自身创造力的一个关键。昵称的形式有：①名字加数字，例如"Steve193"；②自造姓名，例如"AnthonAce、月野兔"；③以短语为名，例如"人海捞金"；④借用名人姓名，例如"叶利钦"；⑤不同于中文传统姓名，例如"阿童木、雪山飞狐"（去掉姓和名的习惯）；⑥中文特色，如 liuhaiyan（拼音）。

在《网络语言概说》里，他们引用一篇名叫《网上男女全攻全守》（搜狐 2000/8/25）的文章谈道：网名的取法需遵循"怪、痞、土、洋、阴、酷、煽、雅"八字。比如"怪"就有"猪七戒"，"痞"就有"轻舞飞扬"，"土"就有"小草、黄毛丫头"，"洋"就有"亚历山大、安娜"，"阴"就有"欧阴锋、害虫"，"酷"就有"街头小子、地主的女儿"，"煽"就有"欲望女郎"，"雅"就有"雨飞帘卷、饭后茶"等。实际上，"雅网名"往往起到一个标志的作用，它让某个圈子里的人能获得一种相互指认的快感，网名是网民在网络上交往时身份的表征，网名要避免重名还要体现个性。网名体现着使用者的喜好、针对性、行为分割等，可以说一个小小的网名已经幻化出多样的文化色彩。

（2）张云辉（2010）的《网络语言语法与语用研究》可以说是最新的专著。她以搜狐网站 Chainaren 的 BBS 社区为例，对发帖子人的昵称（网名）进行分析和统计，从结构上来区分，主要有下面几种：

A. 汉字："寒羽冰箱、飞天大肥猫、小无赖小无赖"等。"网名"

由纯汉字组成，但是与传统的汉语名字不同，不是为了美好的寓意和祝福，也不拘泥于字数的限制，特点就是“不拘一格”，以新奇好玩为主要目的。

B. 英语单词：Chase-only、hellokitty 、daydream 等。英语昵称同汉语一样，也是不拘泥于单词的数量，随意使用。

C. 汉语拼音：zhiranairen、tamendeniao、inTin、wylhlj 等。有的是猜不到含义，也有的就是在键盘上随意打出什么就用什么。

D. 各种方式混杂使用：“■｜.尛丫头└◆/、oO 晓岚 Oo、@@778、肥胖の小笨”等。这些昵称结构多样，有“特殊符号 + 汉字、汉字 + 拼音、汉字 + 数字、符号 + 数字、汉字 + 符号 + 拼音”等。有的昵称根本无法读出，为的就是与众不同。和（2）对比起来，可以看出网名取得越来越“无规矩”，有的甚至拒绝了发音，看着能识别就可以了，也不拘泥于字数的限制。

根据陈李军（2011a）的综述：“王靖（2007）认为有些网名无语法规则”；张莉（2004）调查发现网名完全背离了现实世界中名字的固定结构，模拟真名的网名寥寥无几；周文文通过分析，认为 QQ 名突破了传统人名的限制，可以是词、短语、句子。

陈俊（2006）等的“网名命名动机”研究表明：网名命名的动机，性别间存在差异。女生认为“张扬个性”与“便捷自然”较重要，而男生则认为“寻求自我价值感”“宣泄情感”与“崇尚流行”更为重要。女生们更希望在异性面前显示性别特点，通过网名体现自己的性别特征与期望的性格特质，借网络沟通的虚拟性与隐蔽性，来塑造理想的自我。

年代的差异

高秀娟（2008）对以“70 后”为主的未婚青年男女（大学毕业）、“80 后”为主的大学生和属于 90 后的高中生等三个不同群体的 QQ

群网名为对象，进行了随机抽查，从年龄、性别、地域等角度入手，分析了三个不同群体中，网名的音节分布情况、语义特征及命名者的心理活动，从而得出不同年龄、性别、地域对网名取名时的印象。

她通过调查发现，“70后、80后、90后”网名差别很大：“90后”主要为了追求新颖，追求时尚，追求个性，体现在网名的形式上就是追求另类，表现为符号、字母、数字、汉字的大杂烩。他们充分利用媒体，将歌词、诗词、广告语、社会流行语以及影视剧台词等纳入到他们的命名体系当中，几乎无所不包。例如“輌鰻ヤ棉錵餹”。“80后”则较多地使用汉字，汉字起名比例占到70%；“70后”的未婚青年作为一个特殊群体，为了更好地达到交友目的，他们追求感官效果，将漂亮符号纳入到网名当中。

性别差异

高秀娟（2008）指出女性喜欢可爱、纯洁、细腻的网名来体现自身的“小鸟依人”之感，例如“丫丫、菲菲、百合”等，同时添加一些无意义的漂亮符号，例如“★、*、♥、洁儿☎”等。男性则会选择一些体现男性本色的字眼以展现自己的阳刚之气，同时，使用的符号也颇为有趣。例如“囻図国”等。

谭珍宜（2009）在QQ交友中心对北京地区“70后、80后、90后”三个不同年龄段的城市“达人”的网名进行随机抽样分析后发现，70年代出生的网民多在网名中体现出了雅致风趣和向往简约自然的情结。他们想尽办法设计网名，更重要的是为了增加吸引力，增强交际的有效性。但是，不同的年龄段有不同的交际目的，因而，在给自己取网名时也各有不同。“90后”希望在网上广交朋友，与人交流。因而，通过取网名，来千方百计地表现自我，增加自己的人气。他们的网名注重形式上的与众不同，以体现时尚气息，内容上特立独行以增加吸引力。所以，特殊型网名在这一年龄段比例较高。“80

后”增加了对理想和爱情的追求，于是网名多了些对生活的感悟。女性会在网名中体现自己的温柔可人，如“似水柔情、花香满径”等。

在笔者的非正式调查中，20 世纪八九十年代出生的高校学生的网名，并不像高秀娟（2008）所调查出的“90 后高中生的网名表现为符号、字母、数字、汉字的大杂烩”的结果，而是取所谓雅类网名的结果更多，原因可能在于高校生这种知识分子和一般中学生之间存在差异。高校学生离不开典故主义，所以网名体现出了这个群体的文化水平。

地域差异

陈李军（2011b）为了研究不同的地区“取网名”的特点，分别选取了天津、上海、广州三个经济实力排在前十位的沿海城市和兰州、西宁、银川三个经济实力靠后的内陆较不发达省会城市，对这六个城市的网名进行了调查。对每个城市的“16–30 岁”的人的 QQ 名和百度 Hi 网名进行了随机抽取，一共近 1700 个名字。结果发现，不管是沿海发达的三个城市还是内陆较不发达的三个城市，网名中汉字类型的占到了绝大多数，每个城市的网名形式比例很相像。

这意味着，虽然网名有性别和出生年代的差异。可是，由于身处网络时代，网络具有开放性和快速性的特点，这导致网名地域性差别不大。

匡文波（2009：132）指出：“2005 年后，为消遣娱乐而上网的网民所占比例已经上升为第一位。网络媒体娱乐化的主要原因在于网名结构的大众化。网络正在由‘精英’（年轻富有的高学历男性群体）的‘专利’转化为大众化媒体，网名结构呈现出大众化趋势。从社会心理学的角度分析，‘大众’与‘精英’相比，更喜爱娱乐信息。”

笔者认为，网络已经不是少数精英的独占地，每年都有许多年轻用户加入网络，他们没有深度体验，也没有较高的文化水平。为了取网名，他们不是从书上去寻找网名，而是仿佛从自己的抽屉里取玩具那样，随意地来取自己的网名。这里值得一提的是，网络的一大特点是匿名性，网名彼此之间一般难以猜出对方是谁，但网友在塑造自己形象取网名的时候，有很多线索可以显现出他是什么样的人物。

8.2 话语角色

匡文波指出“网络传播具有主动性和互动性”，“网络受众”也有着传统媒体受众所不具备的许多新的特点。网络传播中的传播者和接受者可以在瞬间进行角色转换，这种转换尤其在 BBS 论坛、电子邮件、网上聊天中表现十分明显。也有一说是“有调查显示，聊天是中国网民上网最爱干的事情之一”。网上聊天室的基本特征是匿名。网络的匿名不是没有名字，而是使用昵称。昵称的多样化在某种意义上体现了人的身份的多样化，昵称的随时更改已经成为一种身份游戏。

说起身份的多样化或身份游戏，网络上的昵称转换，导致他使用的语言转换；或者昵称没变，但作为话语主体的我和你，和他的称呼词和语言有些变换。我们要关注的是语言与角色形象的结合方式这一话题。

定延利之（2010）沿用金水敏（2003）“役割語”（yakuwarigo 角色语言）的概念，把形象（角色）分为行为角色（表现角色）和话语角色（发话角色）。我们在第六章以汉语体态成语为主，谈到了“行为角色”，而在这里要考察网络上话语角色转换的现象。

定延利之的定义是：像人物形象语言或角色语言所暗示的“老人”那样，贴上作为话语动作行为者标签的角色形象，我们适宜地称之为“话语角色”（形象），《角色大世界》里他也提到话语角色有转换的现象。

在网上，已经出现了“拙者ドライブに行ってきたでござる（Sessha doraibu-niitte-ki-ta-de-gozaru 在下兜风去了也）”这样的文字。“拙者（sessha）”和“でござる（degozaru）”这样的词语给听话人以说话人是“武士”的形象，但写出这段文字的人在日常生活中不可能一直是以“武士”形象出现。其实在说“去兜风”这个词时，就已经让人感觉和“武士”形象不相符合。也就是说，在网络上出现的“武士”形象只是暂时性的，与其本来的形象出现了暂时的切换。不过，因为这只是“玩儿”，所以是被允许的。另外，在网络上使用“まろ（麻吕 maro 我）”或“でおじゃる（deojyaru 是）”，这种以“平安贵族”形象的口吻（或以平安贵族为原型的动漫主人公《邪留丸》形象）登场的例子也不少。这里的“拙者”“まろ（麻吕 maro 我）”就是话语角色。因为这些第一代名词（自称词）令人联想到武士和贵族的角色，不过，这并不是他们真实的角色。

对于上述通过语言改变角色形象的情况，定延利之指出：

（1）“作为玩笑、玩儿，而改变形象”这样的现象，不能说成是“最近语言开始出现了不规范”，因为我们从以前就一直都在做这样的事情。这在一些文学作品中已有显现，例如坛一雄的《火宅之人》（1961–1975）或太宰治的戏剧《春天的枯叶》（1946）。

（2）角色形象的改变，其原则是要与社会交际行为形成联动。每个角色形象都有自己所擅长的交际行为。说话人要进行某种交际行为时，擅长这种交际行为的角色形象就会被说话人启动。如要进行暴力性的交际行为时，擅长这一行为的“おれ [ore（粗暴强势的）我]”就会被启动。想要表现冷酷但强势不起来时，“ぼく [boku（谦逊弱势的）我]”就会得到启动。

（3）“说话人在进行某种交际行为时，会启动擅长这一行为的角色形象。”这一交际行为，为与角色形象的联动，往往在很多情况下受到人格制约，由于受到人格的阻碍，这种联动往往难以进行。

这里所说的“交际行为”不仅仅是指说话这种语言行为，还包括“媚眼秋波”“慢慢地蹭近对方”“掐对方的大腿”等这些非语言行为。

（4）生活中，我们每一个人的（体格）外表是不同的，而与外表相称的角色形象会很容易被大家所接受，反之，与之不相称的角色形象就不会那么容易被大家所接受。

那么，接下来我们来看看，中国网络上的“话语角色”。

8.2.1　网络上的汉语“话语角色”

为了观察网络上的话语角色，笔者根据在第三章中选定的 15 个角色，利用微博对这 15 个角色进行了检索。这些角色与金水敏先生（2003）书上提到的“日本角色语言的主体”相对应。他们分别是：①知识分子；②商人；③农民工；④乡下人；⑤武将；⑥英雄（领导）；⑦良家妇女（大家闺秀）；⑧皇帝；⑨仆人；⑩江湖（古代）；⑪黑社会；⑫小偷；⑬和尚；⑭孙悟空；⑮猪八戒。

下面是笔者于 2012 年 12 月 29 日到 31 日，按照这些角色，在新浪微博上检索出来的中国网民使用话语角色的情况。然后为了确定他们的属性，笔者也去浏览了每个人的主页，阅读了其发布的帖子并查看了他们发布的照片，从而确认了他们的属性——包括他们的性别和大致的年龄。现在注册微博，“性别”一栏要据实登记，所以至少发帖子的人在性别确认上比较可靠。但有些找角色比较难找，笔者共搜集了 53 个例子。让我们来看看这些例子，来探讨一下汉语“话语角色”的转换和其作用。

（1）皇帝相关角色

皇阿玛

（1）枉凝眉__：剩下的这三个人实在是不需要我了，提前打道回府。俺皇阿玛已经策马过来了。（女大学生—爸爸）

（2）做快乐的自己19940129：回到家真是好，今天一天都很开心，织的围巾给皇阿玛和额娘，他们很开心，所以我也很开心，嘿嘿，晚上和爸爸坐在一起看电视。（女生—爸爸，妈妈）

（3）啃烂泥：我又迟到了，皇阿玛带着我们班20个学生围着操场跑的跟闯关东似的。（女生—老师）

皇上

（4）李雪冰tedd：臣妾祝皇上生日快乐。爱你爱到想叼你。（女生—女生）

娘娘

（5）复古英伦风：恭祝娘娘凤体早日安康。（男生—明星蔡依林）

阁下

（6）So_MargueriteLiu但求清心無愧微博达人：阁下减肥吗？青菜豆腐。（女生—男生）

（7）羅布衣－：阁下生日快乐。（女生—女生）

臣妾

（8）梁静茹：寒风刺骨，臣妾祈福各位平安度寒冬。（歌手—粉丝或者读者）

（9）義忠仁－娃：嗯嗯，臣妾领旨了，谢皇上。（女生—女生）

（1）到（3）可以看出，自己的话语角色和对方的角色的关系是父母—孩子或师生关系等上下关系。但（4）（7）（9）告诉我们他们的关系是平等的，也不拘泥于性别角色。她们用"回府、皇阿玛已经策马""臣妾领旨了，谢皇上"等相关的词语，创造出清宫戏里的气氛并享受其中。也有（6），男生对自己的偶像用"娘娘凤体"来祝福她的健康。这都是开玩笑，语言游戏，但笔者认为这种语言交际不仅是语言游戏，也有调整人际关系的作用，达到了给别人捧场的作用，起到了语言游戏里的一种担当敬语的作用。毫无疑问他们受到电视清宫戏的影响。

（2）大家庭角色

爷

（10）范爷支招，轻松百变美搭术，显瘦抢眼球 导语：范爷不是一般意义上的纤瘦美人。（粉丝—范冰冰）

（11）冯邪邪 Candy：今晚我和水爷走了一半路程了才打上车，冻了个半死，以后这天还是不出门的好！（女—女同学）

（12）炖蛋小小：乔老爷这表情 ==（男生—NBA 选手乔丹）

大人

（13）密司陳：母上大人发话了，今天不把发型换了明天就要办我的事，对我露额头的发型是有多不满。（女生—母亲）

（14）SCL_呆头呆脑的何胖子：还有班长大人辛苦了哟。（女生—班长）

“爷”的属性本来是男性、年龄大。作为演员的范冰冰，虽然是女性，但却是很爽快而潇洒的女演员，于是大家叫她“范爷”。从（10）（11）可以看出用“爷”称呼女明星和女同学，不拘性别和年龄。也有（12）中称呼国外著名运动选手的例子，一方面体现出他们的性质，也表达了粉丝对他们的尊敬。（13）体现出的是母女关系，但同时也表现出上级的严厉。（14）是称呼本来平等的同班同学叫“班长大人”，这里面体现出一种慰劳的口气，但也表现出一些开玩笑的效果。这些也都表现出尊敬、慰劳，以及对对方的评价。

少爷

（15）石头妈小窝：有福气之人，家里一少爷，一公主，完美呀！！！（女—自己的小孩）

（16）张小飞儿：豆少爷，你这是神马情况啊？？神马表情神马姿势啊？（女—自己家的小狗）

（17）喂_老娘客：帅呆了，新歌现场版！屌爆了！哎呦～不错哦～少爷加油（粉丝—周杰伦）

公主

（18）莱莱猪与德德B：公主的“欢聚一堂”（女—小女孩们）

（19）叶秋 sunny：禀告公主殿下，奴婢现已开始马蜂攻略了。先为你呈上一张 PIPI 的夜景，供你观赏。（女生—女生）

在（15）（16）（18）的例子里，用“少爷、公主”来表示自己家和他人的儿女，发帖子的都是妈妈们。她们比中学生年龄高，由此可以看出“话语角色”转换现象，不一定是年轻人的专门用语。在（17）例子中，周杰伦的粉丝叫自己的偶像为“少爷”。笔者分析，因为明星们对粉丝们来说是白马王子，有中国少爷的形象。不过，令人吃惊的是例子（16），网民管自己家的狗狗叫“少爷”。在美国日本，不少人把宠物看成自己的家人，这几年在中国也兴起了“宠物热潮”。把狗狗当作“少爷”，像家人一样去对待，这是中国宠物时代到来的一个证据。

（3）其他

将军

（20）不瘦到九十五不改名的小灰灰：放后备厢的狗窝今天终于见天日了，妈妈说：这么好的狗窝，给脏兮兮的将军睡可惜了。（女生—宠物 小狗）

（21）Yoki- 江小鱼：很高兴卖萌的小贱狗～下次带过来给你们家将军调戏～想带它跑跑步～结果尿完尿就拼命想往车上跳他想吹空调一刚～（女生—宠物 小狗）

（22）青山古楠：或许因了对坐下午说的那句话 算他眼毒 2012 年最后的茶席祈祷 最想回向给的是这方城池的百姓 本将军今夜席上巡城 一夫当关 万夫莫开（女性自己）

“将军”跟上面“少爷”的例子一样，并不是指真正的将军，而是指自家的“宠物狗”。“将军”虽然实力强健，但从侍候者的角度来看，有很棘手和难以对付的一面。把小狗叫“将军”，可能是想表现出小狗任性、暴躁和可爱的一面。

大哥

（23）央视新闻：【央视2013年挂历揭秘转发获主持人亲笔签名版】五月：白岩松，央视主持人。他是你的励志榜样？他的话是你的座右铭？他是不苟言笑的“大人物”？嘿嘿，其实他是岩松大哥，他是吐槽帝老白。（央视新闻—主持人）

（24）莫倩 ____：看过《十二生肖》：看完会感触，成龙大哥的动作片也可以说是陪着我成长。（女粉丝—明星）

这种“大哥”的用法比较普遍。表示亲和、尊敬。

同志

（25）南君只是宅南：转给所有男同志看（女生—男的朋友们）

（26）刘勃士：新年喽。同志们新年快乐！今年同志们辛苦了。快乐大家（小伙子—读者）

现在，在中国，人们称呼同性恋为“同志”，但这两个例子并不属于这个意思。例子（25）中，是现实生活中常见的用法。例子（26）中，出现了“今年同志们辛苦了”这句话，在新中国成立60周年典礼上，当时的国家主席胡锦涛为了慰劳战士们也用了这一句，含有“革命同志”的意味。

值得注意的是，用“同志”，还用“同志们辛苦了”这一句子，跟上面提到的“回府、皇阿玛已经策马”“臣妾领旨了”的例子一样，角色跟短语、词汇进行了搭配。

（4）自称

朕

（27）梁建豪：朕只是微服私访而已，回去断水断电断网解恨（男生）

（28）邹雨芮游过末惜麦田：听到就会笑的：公公！公公！公公！哈哈，晚安。朕的公公们！（女生）

“朕”是自秦始皇起皇帝的专用自称。然而，在例子（27）中，“朕”被一个男生用到了揶揄“简陋宿舍停电了”的语境中，在话语角色的“高大”和条件的“简陋”之间的对比中，产生了幽默感。在例子（28）中，是女生用“朕”。这种不拘泥性别的做法，让他们的“话语角色”和他们的性别、生活条件形成反差，产生讽刺的效果。

小女子

（29）妍妍的乱七八糟：#猜安全配置 赢精美车模# 小女子不太懂汽车（女生）

（30）爱妃与潇的生活笔记：老公的厨艺没的说，太棒了。嘿嘿，辛苦老公大人了。只是小女子我今天没胃口（已婚女）

在例子（29）中，说话人用“小女子”的自称营造出“顺从、小鸟依人”的形象。在例子（30）中，“小女子”跟老公大人对应。

布朗和列文森（Brown and Levinson）（1987）提倡“面子理论”。

他们认为每个交际参与者都具有两种面子：积极面子（positiveface）和消极面子（negative face）。积极面子是希望得到别人的赞同、喜爱、欣赏和尊敬；消极面子是指不希望别人强加于自己，自己的行为不受别人的干涉、阻碍，有自己选择行动的自由。按照他们的理论来说，例子（30）妻子对丈夫“辛苦老公大人了。只是小女子我今天没胃口”这样说，不会威胁给她做饭的她丈夫的“积极面子”。

在下

（31）张萌萌 MUSIC：冰心过奖了！不过真的要谢谢你！在这个浮躁的不能听完一首歌的时代，花这么长时间这么用心地听在下的拙作（音乐人 男）

（32）快刀洪七：在下作为一个“会卖酒的安徽人”，也见证了一些良好的变化（男）

（33）墓碑吞噬者蝶靥酱：所以这就是K结局坑爹的原因……？在下可怜的小白啊 QUQ（女）

从这里可以看出，网络男女都在用“在下”这个词。在例子（31）中，“在下的拙作”，例子（32）中，“在下作为一个会卖酒的安徽人”中，都体现出说话人措辞谦虚但也隐藏着自豪感的人物性格。超越性别而使用本来包含性别的角色，有交际策略性的功能。如果在这里她用“小女子”的话，效果不一样，可能太柔弱。

俺

（34）女皇碎碎：气死俺了。手机被攻击了（上海女性）

（35）菜小 4s 爱拼赢：不好意思啊广州，明天俺去深圳倒计时过年（广东男生）

"俺"本来是北方方言，现在在全国范围内被广泛应用，无论男女。另外，"俺"这个词蕴含着通过以"土形象"示人，来达到开自己玩笑、娱乐大众的效果，也有稍微谦虚的功能，用来加深读者的印象。

老朽

（36）花甲下愚：政府机关、机构、企业、团体、个人都有开通微博，老朽也开微博。（老人 男）

（37）武三反思：老朽心里明白一个道理。（老人 男）

（38）玉梅 11v：有那么迷人吗？老朽我只看了一遍，没想再看第二遍。（中老年 女）

老朽是年老男性的自称。在（36）（37）例子中，说话人都是老男人，所以用"老朽"，这并没有表现出说话者的"角色转换"，只是用"老朽"这个词来表现出自己谦让谦虚的一面，但还潜藏着自己顽固的一面。在例子（38）中，说话人是中老年女性，用"老朽"表示有些害羞、谦虚。

（5）西游记

贫僧

（39）善了个哉－戒肉酱专注大师30年：自古齐刘一生黑！（最近思维异常诡异，估计下次贫僧就该穿裙子了！）……（女生）

（40）麋鹿僧走在奔二路上：貧僧肚子餓了。o（︶︿︶）o（男生）

男女都用"贫僧"这个词。特别是女生用唐僧和裙子这种有反差的词语，这增添了幽默感。

悟空

（41）陈丽娟娟娟娟姐是SHERO：我是悟空我怕谁（女性）

（42）小歪 –Zora：我是悟空我怕谁！！！（女生）

（43）Cf Chenzichun_ 熊儿：假期，我来了师傅～～师傅～～师傅～～～徒弟来刷存在感了师傅先生假期了很激动有木有（女生）

（44）家铭0724：就一个人安安静静地在深山里面修行，这才是我想要的生活。师父、我来了！！！（男）

（45）圃丁_莫小莉：仿佛两天历经了九九八十一难，终于站在目的地的客房门口时，满心生出悟空式的感慨：师父，我来了。（女）

八戒

（46）丸子 –foam：一个多星期没有上班。睡了吃吃了睡。请叫我猪八戒。（女）

关于孙悟空的角色，男女都在用，显然大家都记得"我是悟空我怕谁"，以及"我来了，师傅～～师傅～～师傅～～～"等经典台词。可以说，这也是角色和台词、句子完美搭配的例子。

笔者曾经遇到了一些困难，求助于我的学生，那个学生对我说："师傅～～我来了"。人们利用电视剧等的经典台词来达到一种角色语言游戏，这是建立在双方都拥有共同的语言知识上才能达成的沟通。上面的40多个例子也都是在说话者和听话者或读者之间有故事情节和人物台词等共同知识的环境下，才产生效果和意义。

纵观以上所有的例子，我们发现网名或者昵称，以及和他们所说的语言之间存在着联系。例如，在例子（29）中，妍妍的乱七八糟—小女子、（30）爱妃与潇的生活笔记—小女子我、（32）快刀洪七—在下、（36）花甲下愚—老朽、（39）善了个哉－戒肉酱专注大师30年—贫僧、（40）麋鹿僧走在奔二路—贫僧、（46）丸子－foam—猪八戒。

笔者为了确定例子（6）中出现的"复古英伦风"的性别年龄，浏览了他的微博主页，发现他的微博主页上，有一些诸如"骑士出击，女神第一（3月31日）""我们骑士准备好了，今晚我们要嗨了（2013.5.10）"等一些自我扮演骑士的帖子。

这正如定延先生所言："角色形象的改变，其原则是要与社会交际行为形成联动""每个角色形象都有自己所擅长的交际行为。说话人要进行某种交际行为时，擅长这种交际行为的角色形象就会被说话人启动""这一交际行为与角色形象的联动，往往在很多情况下是受到人格制约的，由于受到人格的阻碍，这种联动往往难以进行"。《角色世界——日本》

另外，我们需要注意的是，"异人"这种角色的语言。它不仅包括西游记中诸如"孙悟空"等代表人物的角色，也包括外星人等角色。

外星人

（47）水小晶不怕：cr：sunshine_boy_ 外星人接收宇宙信号 TTTTTTTTTT

（48）张小花想看 SHE 演唱会：哈哈，我们的各种外星人，等我，二号就来了（女）

（49）莫伊涵 Yilia：移动秘书提醒您：您拨★★的号码已关机，交流电波是有多少？地球太危险，太多行星的物种被她容纳登陆，地球太危险，外星人要回自己的星球了咻～咻～咻～（女生）

从这里我们可以看出，中国人是如何表达外星人的语言的。笔者曾观看了电视剧《家有儿女》第一部第42集《外星人》，其中主人公小雨扮演了一名叫“啰里啰唆”的外星人角色。小雨说：“你好，我来自火星。我的名字叫啰里啰唆古尼马斯。”其语言的特征是不拘标准的声调，发音很单调，而且加了“古尼马斯”这后缀，这让语言听起来有点像日语的“もうします（mousimasu）我叫某某”。外星人和机器人发出很单调的语言，这种现象在日语里也有。这很可能是世界通用的外星人角色语言。这应该都是受到了美国科幻电影里外星人语言的影响而传播开来的特殊现象。

需要注意的是，在这里，符号“TTTTTTTTT”，拟声词“咻～咻～咻～”等，都起到了塑造外星人和他们角色语言的作用。

我们已经观察到网络上的话语角色语言的特征。它们不仅有幽默的作用，也有语用意义和修辞意义。除了上面提到的角色自称词、他称词以外，我们还发现了其他表示角色的成分。

8.2.2 网络上的“话语角色”和角色语气词

定延利之、张丽娜（2007）调查汉语的角色助词（角色句末语气词）时发现，在中国网络上也有使用语气词来改变角色的例子。例如，句末的语气词“喵”的使用，塑造了“猫语”或者可爱女孩子的形象。为了塑造广东人角色，有说话人使用了“系”（如“我系广东人”）。

日语的角色语言表现在称谓和句末的copula，这现象非常明显。汉语里 copula 是指“是”或者“为”，而日语的 copula（系动词）很丰富，几乎每个 copula 都能联系到相应的角色或者人物形象。

定延利之在讨论日语“话语角色”语言时，发现日语的句尾词有两种：一是“角色 copula”；二是“角色助词（语气词）”，都在句末。

笔者认为上面提到的《家有儿女》里小雨说的外星人语言“你好，我来自火星。我的名字叫啰里啰唆古尼马斯”，其句末添加的“古尼马斯”就是“角色助词（语气词）”。

新浪微博专门有“喵星人的喵星球”等说猫语的专门扮演者或者喜欢猫角色的网民。“喵星人的喵星球”的粉丝数已经达到87万人。她的语言是“大家好，我是喵星人，喵～～～”，后面的“喵～～～”也是“角色助词（语气词）”。此外，除喵星人之外，还有汪星人和其他动物角色。

（50）amys_winny 动物朋友：我觉得我们班的同学真的好厉害！好高分啊喵！（2013.5.10）

（51）平民挖掘机：#图片资源力推#汪～偶耐米娜桑，米娜桑耐丑丑（>^ω^<）（丑丑泥太口耐了 Q_Q）丑丑今天第一次跳上麻麻开的挖掘机，好兴奋，好开心～\（≧▽≦）/～汪汪汪（省 N 个汪星人语气助词╯__╰）（2012.12.26）

（52）愤怒体微博达人：回复@凯少爷 blog：会议现场，24 人各负其责，只有一个汪星人在那汪汪……。（2013.4.9）

（53）郭小蒂爱小清新重口味：啊啊啊～爱就要大声说出来咩（2012.12.30）

（51）（52）是“小狗角色助词”，（53）是小羊角色。特别是“喵语”在网络上不可胜数。笔者在这里要指出来的，不是这种可爱语言的现象本身，而是这种角色语气词的存在。这些都是不规范的语言，已经超越了不规范的范围，通过复制、转发传播开来，这就是网络语言的语法，新语法产生的地方。

定延利之、张丽娜（2007）指出，这些角色语气词一般从感叹词派生的比较多，但我考察过“淘宝体”——淘宝网里的卖主对买主的语体（河崎2011），我在分析其用法的时候发现，淘宝体里的“亲”有放在句末的。例如“好的亲、已经帮亲、好的哈亲、不客气哈亲”“保险哦亲、客气的那亲、好了亲、明天发哦亲”，这是从名词“亲”或者形容词“亲爱的”演变过来的。

王洁（2011）把网络语言之语法变异现象总结为：第一，词类转换；第二，独树一帜的状语副词；第三，“单枪匹马”的动词简称；第四，超常规句式。例如“今天很无聊的说”已经有很多学者认同“的说”这样一种结构，已经在进一步的语法化了。

现在5.5亿多人天天接触网络上的语言，笔者认为这种现象已经不能从“不规范”的层面来概括其好坏了。网络语言已经存在于大众每天接触的另外一个世界，现实生活以外的另一大语言层面里了。比如，淘宝体已经穿越了网络世界，进入了日常生活。

车向前（2012）指出：“淘宝体”正是借助亲切温馨的特性，缩短了交流双方的交际距离，增强了信息接收者的参与感，有助于实现交际双方良好关系的构建。讲话者通过对它的使用，使自己的身份、地位、态度都发生了一定程度的良性改变。另外，“淘宝体”之所以会被公共职能部门所使用，根本原因在于相较于“请”“禁止”这类词汇而言，这种简单自由的称呼降低了双方在身份和地位上的不对等关系，弱化了彼此之间较为疏远的感情，颠覆了信息发布者（如政府机关部门、学校等）一向示于大众的严肃刻板的形象，体现出他们亲切的姿态、友善的态度和良好的交流动机，从而创造出更加平等、友好、建议式的沟通氛围，这就使发布者更容易达到成功促使接收者认可其建议和消息的人际交往目的。

8.2.3　和谐敬语

从上面列举的话语角色的称呼词来看，笔者将其归类为“汉语和谐称呼词”。它们不仅具备幽默的作用，还可以起到和谐人际关系的作用，可以说是汉语的“和谐新敬语”。

留日中国学者彭国跃在他的著作《近代中国語の敬語システム——「陰陽」文化認知モデル》（《近代中国语敬语系统——阴阳文化认知模式》）（白帝社 2002）里，从认知学的角度谈到了以下观点。汉语敬语具有非语法化，非直示性质（相对于日语有明显的敬语用字，如“御”和句后的“いらっしゃる”词不能够独立存在，汉语的尊词“尊、贵、令”等每个字都有独立的意义，所以这些不是直示敬语）没有敬语句式和句法范畴，只有尊辞、谦辞。

他研究了从 14 世纪小说《三国演义》等四大名著和《儿女英雄传》等 19 世纪的小说，到 20 世纪《围城》《平凡的世界》《白夜》等在内的共 30 本小说，专门对尊辞（尊、贵、令、大、贤、高等 20 个字），谦辞（敝、小、愚、贱、薄、寒等 20 个字）的分布状况进行了考察。结果表明，汉语的敬语不是在“文革”时期衰退的，而是在 19 世纪末逐渐在小说里消失了。这跟推翻清王朝，建立民国，从封建社会转变为新民主主义社会等变革同步而行的。

为了填充汉语敬语的空白，笔者认为，这些网络语言也许发挥了作用。至少对只有“您”和“贵”“拙作”“大作”几个敬语词的现代汉语，增添了一些新的选择。网民为了塑造自己和别人的话语角色，或者仿佛给别人披上皇帝龙袍，或者塑造出泥巴方言角色，或者给自己披上动物假毛，从而带给大家温暖和谐。

8.2.4 网络上的方言、外语和角色语言

近来，很多学者提到了网络上的方言和语气词的问题。张云辉（2010）阐述：人称代词“我”，“偶”是东北方言，“阿拉”是上海方言，“挖”是闽南方言，“女银”是“女人”的东北方言变体，“虾米”是闽南话中“什么”的变体形式；拟声词 piapia 从词源上看，属于东北方言。

定延利之、张丽娜(2007)考察汉语角色助词(角色句末语气词)，提到塑造广东人角色时使用“系”（如“我系广东人”），用“捏”字塑造东北人角色。但笔者通过观察认为，这些方言词本来只由方言区的本地人在语言交际时使用，后来受到港台电影、电视剧等的影响，人们在网络上使用，久而久之，很多网民已经不再在意“这属于哪个地方的方言词、方言句式了”。

除了单词和带发音的词语以外，句式方面也有方言句式的影响。譬如，“各位，小弟走先”的“先”。这个句式是粤语来的。很多学者也提到，在网络上常常出现“休息 ing”“工作 ed”等英、汉混用的“洋泾浜语言”。这些都是由网络上的“语言接触”引发出来的结果。

网络的一大特征是互动性。网络里发生的语法化现象，应该是互动语言学的领域。语言的快速复制传播，这容易引起语法化。互动语言学认为，语言的意义在情景互动过程中产生，并在互动中不断发展变化，这是说话者和接受者共同协商的产物。

笔者认为，上面提到的“亲”的用法属于“现出语法”（保罗·霍

珀 Paul Hopper 1987），出自徐大明《社会语言学实验教程》。“现出语法”的意义是，语法结果起源于语言的运用，语法结构应该看作永远处在半稳定状态，永远会因语言的不断运用而更新变化。

我们在这里探讨的网名也存在着话语角色转换现象。这种现象有的是从语言游戏中产生的，有的是跟方言、外语的接触产生的。这次调查微博的例子都是在赞美对方的话语中进行，如果我们在关注对方批判、谴责、恶语中伤的语境里寻找黑色角色的话，也许会发现其他的语言现象和语法结构。

作为一个角色语言诞生和传播的平台，网络语言不能一概而论地说“因为不规范而忽略”。金水敏指出，在现实社会中，或者历史的某个地点、某个时间被使用的语言，通过小说、动漫、电视剧等媒体和教育形成共识，从而最终形成“角色语言”，这是母语者的语言财产。作者利用这些语言财产来从事创作，普通的个人也利用这些财产来表达自己，传达自己的思想。

可以说，在现代信息社会里，网络是角色语言诞生和传播的媒体。

第九章　作为“角色语言”来源的小学课本与“语言资源”

自从2003年金水敏先生提出“角色语言”这个概念，日语研究取得了丰硕的成果。“角色语言”是在现实社会中，或者在历史的某个地点、某个时间被使用的语言，“角色语言”并不一定是自然存在的语言，而主要是在创作中，创作者为了描写特定的模型人物而使用的语言。这种表达方式，通过教育、媒体、戏剧、电视剧等反复使用而固定化，从而人们继承了这种虚拟现实的语言。现在是网络时代，作为网络语言产生的平台，网络世界也不可忽略。

作为汉语“角色语言”继承下来的另外一条渠道，笔者把目光投向了小学语文课本。除了家庭、父母的教育，街坊生活，跟学校老师、朋友交流以外，语文课本是中国人学习汉语的基本工具。为了了解小学语文课本里的“角色语言”，笔者把20世纪80年代和当下的人教版小学课本进行了比较。通过比较我们可以了解：第一，在小学语文课本中，什么样的角色语言被传播了下来；第二，从“角色语言”或者从人们共有的语言财产“语言资源”的角度来看中国小学教材语言，能够从中发现什么样的语言现象；第三，这些语言现象能告诉我们什么。

9.1　语言资源

首先，需要说明“语言资源”这一概念。“语言资源”是“角色语言”概念的上位概念。它指的是母语使用者之间共有的语言知识。“角色语言”简而言之，是人们印象中的语言。比如说人们一听“奴才该死”就联想到“太监”等皇帝的侍候者。当一个人说广东话时，就会让人联想到他可能是“厨师”或者“胖子”，或者是“成功的商人”的角色形象。2003年金水敏提出“角色语言”概念后，中村桃子(2007)提出了这种“角色语言”是母语说话者共识的“语言资源”，人们对“语言资源”进行策略性的运用。

我们用母语说话、写文章，跟别人或跟我们自己交流的时候，利用所学的语言知识来表达思想、交换信息和感情。每个语言都有母语者所共有的语言知识，这叫“语言资源”，也就是一种语言的“语言财产”。

比如说，2007年在日本，中国籍作家杨逸得了芥川文学奖。有的日本人看了杨逸写的作品之后表示:“小说内容还不错，但她用的比喻有点难以接受。”笔者把其作品仔细阅读之后便发现，杨逸使用的比喻几乎都是中国人常用的，但却不是日本人常用的。例如“鱼肚白”。日本人的意识当中，“鱼”是很腥的，一般不会联想到黎明时东方的天色，用“鱼肚白”来形容清晨天色是不合适的。虽然杨逸用日语写小说，但表达方式和惯用的比喻却是汉语的“语言资源”，所以日本读者看了觉得别扭。这种自己有意无意中使用的语言知识，就叫作“语言资源”。我们利用这种语言资源来表达思想和感情，或者创造文学、电视剧等作品，另一方面在某种程度上，也限制了个人的言语和行为。

现在日本学者，把“角色语言”发展到了“语言资源”这一观点来研究日语，在最后一章，笔者将借用“角色语言”和“语言资源”的概念，通过分析、比较20世纪80年代和今天的中国小学语文课本的异同，展示汉语语言资源在现代化背景下的发展和变迁，并论证这些课本如何塑造中国人的语言使用和选择。

9.2 背景

作为在中国大学执教的日语老师，我曾经给学生们布置了一篇日语作文，题目叫“我最喜爱的季节”。不少学生都写到了以下的句子：

我最喜欢的季节是春天，春姑娘来啦！

这种表达对我来说很古怪。为什么她们会用年轻的女性来描述一个季节和大自然的美呢？为什么春天是年轻女子的角色呢？从那时起，这个问题就在我脑海中生根发芽。在翻看20世纪80年代和90年代的中国小学语文课本时，我为学生们的表达找到了出处。这个表达，我们就可以称之为一种中文表达的“语言资源”之一。或者说春天拥有的“角色”。

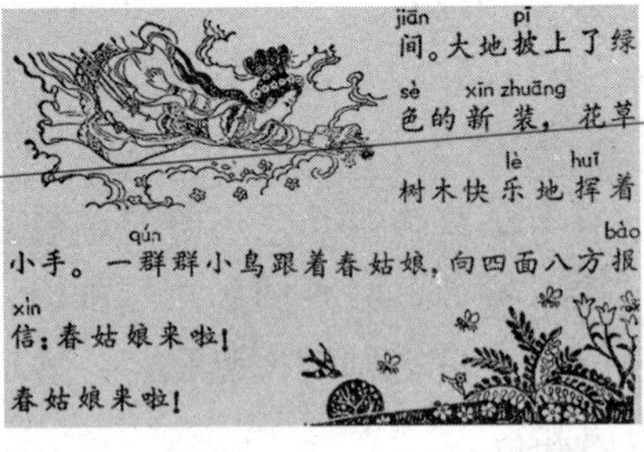

图4 人教版80年代、90年代的小学语文插图

9.3　理论和目的

课本是我们形成语言的源头之一。我们对语言的感知和认同就是通过课本建立起来的。此外，还包括其他的积累语言资源的途径，比如学校教育、电视剧、电影、书籍等。我们为了探讨中文的“语言”资源，比较了中国人20世纪80年代和当下使用的小学语文课本。集中讨论中国人当下使用的“语言资源”与80年代课本上语言的相似之处和不同之处。

我们收集了4种不同年代的小学语文课本，把1983年出版的全日制十年制小学语文课本称为A。这套课本使用的是1981年的教学大纲，是中国十年“文革”结束后，在邓小平的指示下编写的，所以意义非常重大。1986—1996年的课本为B，1997—1999年的课本为C。2000年使用至今的新版语文课本为D。收集了这四种课本资料，但是B只能找到九年制和十年制的混合版，C也没有找到全套。

表31　小学课本出版年和生词量

	A	B	C* vol.1，2，3，5，6	D
大纲 / 年	1981	1986	1992	2000
出版 / 年	1983	1987—1996	1997—1999	2012
文字	1700（字）	1700（字）	1150（字）	1800（字）

其中，ABCD的大纲分别是指：

A. 全日制十年制学校课本（试用版）学校小学语文教学大纲（试行草案）

B. 全日制小学语文教学大纲

C. 九年义务教育全日制小学语文教学大纲（试用）

D. 九年义务教育全日制小学语文教学大纲（试用修订版）

9.4 调查结果

在中国小学语文课本中，可以讨论的方面有很多，笔者只选取了以下几点：第一，课本内容的现代化。第二，语言资源。

9.4.1 城市化和语言资源

从课本A到课本D的演变过程中，我们可以看到词汇、章节内容和插图等各方面的现代化过程。

A. 词汇的变化

80年代的课本里农村生活方面的词汇多，而随着城市化的进展，课本里面的词汇也有所变化。这意味着，课本里角色的演变。

图5 在80年代1—2年级的课本里：

耕地、播种、施肥、浇水、挖土、担水、抹墙、拴牛、拉车、捡豆子等农村生活的词语。

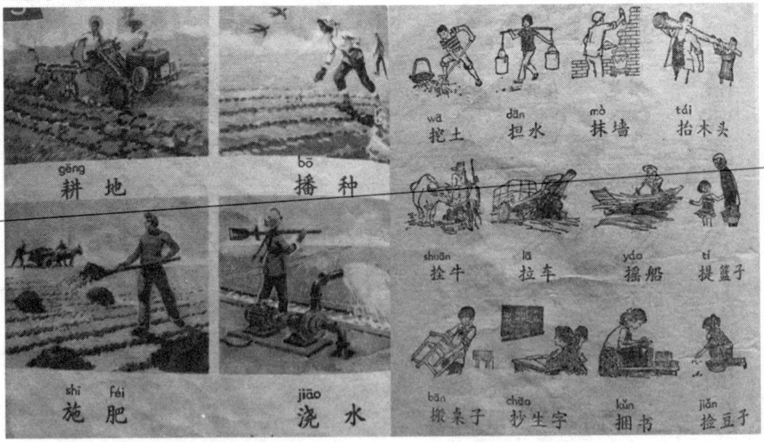

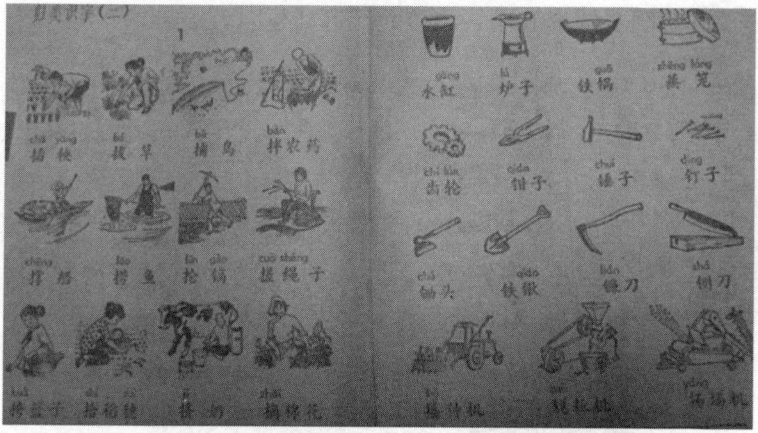

图 5　A1，2，3 小学一二年级课本

在图 6、图 7 课本 D 中，关于城市生活的词汇被介绍给学生。

图 6　有关超市的词语

图 7　有关城市家庭的词语

B. 章节内容的变化

在图 8 课本 A 中，一个叫明明的男孩上学迟到是因为路上抓蛐蛐。而到了图 9 课本 B 中，男孩元元迟到是因为赖床。

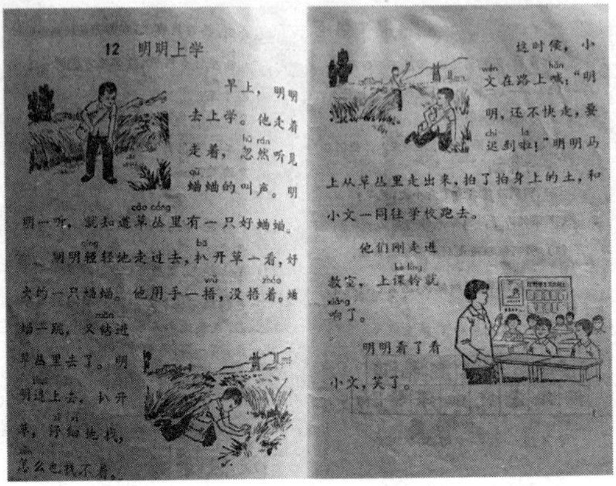

12 明明上学

早上，明明去上学。他走着走着，忽然听见蛐蛐的叫声。明明一听，就知道草丛里有一只好蛐蛐。

明明轻轻地走过去，扒开草一看，好大的一只蛐蛐。他用手一捂，没捂着。蛐蛐一跳，又钻进草丛里去了。明明追上去，扒开草，仔细地找，怎么也找不着。

这时候，小文在路上喊：“明明，还不快走，要迟到啦！”明明马上从草丛里走出来，拍了拍身上的土，和小文一同往学校跑去。

他们刚走进教室，上课铃就响了。

明明看了看小文，笑了。

图 8　A“明明上学”

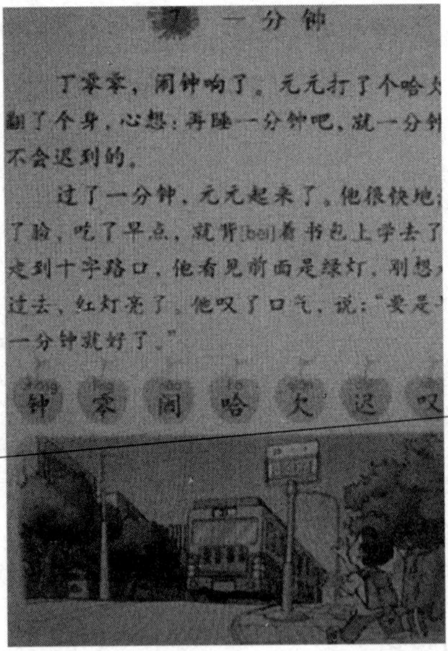

7 一分钟

丁零零，闹钟响了。元元打了个哈
翻了个身，心想：再睡一分钟吧，就一分钟
不会迟到的。

过了一分钟，元元起来了。他很快地
了脸，吃了早点，就背[bei]着书包上学去了
走到十字路口，他看见前面是绿灯，刚想
过去，红灯亮了。他叹了口气，说：“要是
一分钟就好了。”

钟 零 闹 哈 欠 迟 叹

图 9　D“1 分钟”

C.“小明”角色

值得一提的是，这两套课文分别设定了一位名叫“明明”和“小明”的小男孩角色。但现在，“小明”这个名字，已经成为笑话的主角。笔者注意到，前几年在网络上，出现了“一日一囧”的系列flash作品，主角也叫“小明”。不知何时，课本里的角色已经成为人们取笑的角色了。

百科的解释说，小明：人物的代称（多指男性儿童或少年），常出现于小学作文、数学题和笑话中。小明这个名字天生具有冷笑话的气质，因此成为很多笑话中的主角名字。（http：//baike.baidu.com/view/17518.htm）

D. 角色多样化，少数民族角色多起来

笔者注意到，课本里有关小朋友的角色，与少数民族有关的文章逐渐多了起来。他们生活的地方也多样化了。例如图10课本D是小学二年级第24章，孩子们生活在海湾、森林、高原和草原。

图10　D少数民族

E. 革命英雄在减少，新的伦理道德观念在增加

在 A 的小学一年级和二年级课本中，一共有 16 个革命英雄的故事。而在 D 中，这样的故事只有 2 个。在最新的课本 D 中，环境友好的重要性从低年级就开始被不断介绍，比如一年级课本第 20 课，二年级课本第 11、12、31 课，三年级课本第 27、28 课。新的伦理道德观念也在增加，比如对残障人士的尊重。

F. 两套低年级课本中，87 个章节有 23 个故事是相同的

这些相同的故事是爱国、尊师、和同学和睦相处、努力工作、热爱家庭、尊重老人、独立自主，这些课文里面反映的都是传统道德观的延续。

9.4.2 偏于“妈妈”的使用

通过统计发现，作为课本中的高频词汇，“妈妈”出现得非常多（包括童话故事里的动物妈妈）。梳理做成表格的结果如下。

表 32 提到妈妈、爸爸等称呼使用频次

课本 D	妈妈	爸爸	奶奶	爷爷
1—2 年级	148	36	33	66
3—6 年级	121	118	40	42
总计	269	154	73	108

从这里我们看出，妈妈的出现频率偏高，总共有 269 次。爸爸是 154 次，奶奶 73 次，爷爷 108 次。

所有的孩子都爱妈妈，但不是所有的孩子都能和妈妈在一起。在课本 D 中，甚至有主人公一边跑一边大喊：“妈妈，妈妈，要下雨了！”我们当然能理解孩子对妈妈的喜爱，而且中国传统讲究孝道，编者在编写课本的过程中会倾向于多提到爸爸和妈妈。但在现代社会，父母离婚或从农村进城打工的父母多，引发“留守儿童”的问题。我们应该考虑到这些孩子的心理，妈妈和爸爸这两个词不应该被过度强调，这一问题在日本的课本中已经被广泛注意到。另外，课本 C 中有男女性别分工的描写，对于这种性别分工，杨洁、吕改莲（2002）指出课本 C 中的性别倾向问题，在课本 D 中，性别角色的分配开始被考虑，但是，没有母亲的孩子的感受仍然没有被考虑到。

9.5 儿童角色语言

当笔者阅读中国的小学一年级语文课本时，发现一些表达经常出现。其中一些表达在小学低年级的课本中一遍又一遍使用。这种表达应该可以说是“儿童角色语言”。因为这些语言不一定是现实生活中的语言，而一般是成人儿童文学作者，或者课本编者为了让儿童便于理解，或者易于塑造审美感等因素，创造出来的语言。笔者把“儿童角色语言”从课本 D 中搜集了出来，总结如下。

先看例子，其次再谈理论上的问题。

9.5.1 语法

A. AA 的（叠用）

1）青青的　白白的　宽宽的　大大的　高高的　小小的

2）弯弯的月儿小小的船，小小的船两头尖。我在小小的船里坐，只看见闪闪的星星，蓝蓝的天（一年级上册　第 7 课《小小船》）

一般成人文学里要是谈到天文或天气会采用“风和日丽”或“雷电交加”等这类四字成语，而儿童角色语言里多采用“暖洋洋的太阳”“蓝蓝的天空”等重叠式。

B. v 啊，V 啊 or V 着，V 着式（动词隔离式连用）

3）小松鼠很高兴……他等啊，等啊，等到花都落光了。

4）蜻蜓飞呀飞，飞过青青的假山。

5）小猴子下山 / 走着走着，看见一只小兔蹦蹦跳跳的，真可爱。

“飞呀飞，飞过”“走着，走着”都是表示连贯动作的动词，而一般成人作品却多会使用“守株待兔”“拭目以待”“度日如年”“跋山涉水”“长途跋涉”等四字成语，按照语境，利用丰富的成语、惯用语，甚至用诗句来描写。

C. 那么 A，那么 B

6）他画的山那么高，水那么清。

7）每个松果都那么香，那么可口。

夸张、感叹也是非常简单的表达方式。

D. 小 X（X 一般是动物或者植物等）

小兔	小猫	小狗	小鸟	小熊	小鸡
小鸭	小鹰	小马	小河	小树	小花
小鱼儿	小青蛙	小猴子	小燕子	小松鼠	小蚂蚁
小壁虎	小水珠	小雨点	小飞机		

“小”字有表示可爱的意思。小学低年级的课本充满了可爱的角色。

E. 动物和自然物话语角色

雷公　鹅大爷　兔姑娘

山羊爷爷　太阳公公　地球爷爷　棉花姑娘　睡莲姑姑

值得注意的是，动植物等使用“拟人化称谓”是常用的手法。鸭子是鸭先生，兔子是兔姑娘，春天是春姑娘，鲫鱼是鲫鱼阿姨，它们像人一样活动，营造出人与人的关系。这种本来有公母之分、年龄之别的动物，或者没有性别的自然物都被作者赋予了性别、年龄等角色。其他的例子也是如此，如荷花姑娘、棉花姑娘等都有性别和年龄。这些都是刻板印象的语言艺术，是一种“角色语言”或者说“语言资源”。有一些拟人化手法可能是万国通用的，比如在日本，兔子被描绘成兔女孩的形象比较多，但“四季”一般没有固定的男女形象与之相呼应。

9.5.2 修辞

F-1 谜语

猜一猜

两棵小树十个杈，不长叶子不开花。

能写会算还会画，天天干活不说话。

谜语也采用了比较简单的儿童化语言。

F–2 以数字连接组句方式

一座房，两座房，青青的瓦，白白的墙，宽宽的门，大大的窗。

三座房，四座房

（一年级 第4课《那座房子最漂亮》）

一去二三里，烟村四五家，亭台六七座，八九十枝花。

（一年级 第1课《一去二三里》）

这些组句带有传统儿歌的情趣，不是什么天量数据，都是儿童可以认得出来的，这让教科书难易适中，可达到儿童能理解的要求。

F–3 讲话方式 ——小动物接二连三地去向别的动物提问的方式

小蝌蚪找妈妈（小一下册 第34课）

池塘里有一群小蝌蚪，大大的脑袋，黑灰色的身子，甩着长长的尾巴，快活地游来游去。小蝌蚪游哇游，过了几天，长出两条前腿。他们看见鲫鱼妈妈在教小鲫鱼捕食，就迎上去，问：“鲫鱼阿姨，我们的妈妈在哪里？”鲫鱼妈妈说：“你们的妈妈四条腿，宽嘴巴。你们到那边去找吧。”他们看见一只乌龟摆动着四条腿在水里游，连忙追上去，叫着：“妈妈，妈妈！”乌龟笑着说：“我不是你们的妈妈。你们的妈妈头顶上有两只大眼睛，披着绿衣裳。你们到那边去找吧。”小蝌蚪游哇游，过了几天，尾巴变短了。他们又到荷花旁边，看见荷叶上蹲着一只大青蛙，披着碧绿的衣裳，露着雪白的肚皮，鼓着一对大眼睛。

图 11 小蝌蚪找妈妈

低年级的课本里有许多诸如此类的“小动物一个接一个问，其他动物一个接一个回答”这类的故事。比如，在 A、D 的课本里，就有《小壁虎借尾巴》《小猴子》《要下雨了》等。

我们认为“儿童角色语言”也可以说是儿童语言语法或者儿童语言修辞。

“儿童语言”是指当成年人或初学中文的成年人使用时，听上去显得有些“幼稚”的语言，而语言成熟的人则会在写作和口头表达中使用另外一些词语。

郑荔（2008）对学前儿童修辞类型发生次数的量化研究数据表明，比喻、拟人、夸张是学龄前儿童最常用的修辞方式，发生频率分别是46.8%、18.8%和12.4%，这就是现实生活当中的儿童语言研究。

她指出，学龄前儿童经常出现带有修辞特征的语言，引起语言学界、教育学界等领域的广泛关注，但对于“学龄前儿童是否存在真正的修辞语言”则有明显争议，儿童文学创作应符合学前儿童修辞风格和表达特点，从而建立作者与小读者之间最大可能的共同语义场。

郑荔（2008）指出先行的相关研究，有李宇明、何军和陆如钢等学者提出的“学前儿童‘修辞特征’语言不是真正的文学语言”等观点。如前所述，何军认为幼儿语言的修辞性与词汇不足有关，还与认识水平有限关系很大，幼儿常常只感知到事物某些具体突出的特点，而非本质的特点。幼儿常常忽视其他特点，概括性不足，思维片面，易走极端，往往把想像的东西与客观现实混淆，夸大事实。因此，幼儿语言发展中的造词现象、拟人化和夸张性特点，是心理发展不成熟的暂时现象，虽然充满童趣，但还谈不上真正的语言艺术性和创造性。

我们认为，如果“修辞”的特征是“语言的偏离与陌生化”“追求最佳语言效果”“修辞具有情感负载与审美特征”，那么儿童语言在自然环境下形成的这一语言现象还不算是真正意义上的修辞。

我们在这里探讨的小学课本里的“儿童角色语言”是一种修辞现象，因为这是成年作家或编者塑造的一种语言。但是类似的语言在儿童生活中我们可以听得到。如上面郑荔（2008）提到的“建立作者与小读者之间最大可能的共同语义场”那样，儿童文学作者的语言，就是“儿童角色语言”和现实生活中儿童说的“儿童语言”之间互相影响。

多重文法

日本学者岩崎胜一（2013）提出一个理论，叫“多重语法理论（Multiple Grammar）”。他指出日语书面语和口语里有一些语法上的差异。为了证明这个理论，他进行了一个调查。他将被调查者的论文和口语当中使用的高频率词汇总结出来，对比结果后发现，口语当中，语气词等调节互动行为功能的词语居高，而书面里以论文谈论的中心名词居高。后来他又调查了论文与报纸言论的词汇，然后将获得的口语数据和其他研究者获得的口语数据进行对比，发现论文和社会言论，学者自己得到的口语资料和其他研究者获得的口语资料的高频率词相同。（高频率词不仅是词汇，也构成特定的句法）这就证明，人们写作会活用不同的语法。他也指出多重语法除了书面语和口语的差异以外，也会因为语体、风格有语法差异。同样，成年人和儿童的语法本身不一样。不同年龄的人，都用不同的“语法”。这也是从角色语言的角度来观察语言的一种理论贡献。或者说，成年人自己也可以调整或利用“儿童角色语言”，两者的语法、句式不一样。人们除了词汇以外，无意识地使用多重语法。

9.6　小结

语文课本是我们形成语言和语感的源头。关于语言的使用者如何形成自己的语言，有大量的东西值得研究。如果我们对 30 年来中国语文课本内容的变迁进行了解，就可以看到中文和中国在语言规范方面的变化和进步。

这章我们从“角色语言”上的“语言资源”角度，对横跨 30 年的小学语文课本进行了比较，从而了解到登场人物角色的变化，发现在低年级课本里存在着儿童语言语法和儿童语言修辞法等，并指出了多重语法的存在。

螺钿式的语言

笔者认为，知识渊博的成年人写的文章里都有华丽的辞藻。它就像镶嵌螺钿式的语言。因为汉语是非形态语言，如果人越成熟或越有学问的话，他们的语言就会被镶嵌上很多华丽的辞藻。它们有时候是成语，有时候是唐诗宋词的诗句，有时候是四书五经的句子，也有时候是专业用语，就像我们在第四章探讨知识分子语言那样，儿童角色语言，用重叠、动词隔离式连用、“小X”等方式来表现，用“听起来很可爱”的方式来表达。

第十章　总结

停笔之前，我们应该检验自己所设计的所有问题是否已经找到了答案。

第一章，笔者描写了“汉语角色语言”，介绍了汉语“角色语言”的实际情况。同时，笔者还阐述了研究意义和研究方法。

第二章，笔者介绍了中日角色语言研究的概况。

第三章，我们利用“日本角色语言理论”探讨了方言和“角色语言”的关系。笔者发现，汉语里的人物和方言之间也和日语一样存在着关系。这种将方言联想到某种人物的语言现象，在日语当中也有，此前，日本的研究者已经做出了相关研究。

第四章，我们讨论了中国传统的角色语言。笔者以“官腔”“娘娘腔”“学生腔”为例，通过搜集网络文章和北京大学语料库，梳理了每个“腔”的语言和非语言行为的特点，结果发现，汉语角色语言描写非语言行为（体态语）的分量相当多。

第五章，我们讨论了汉语体态语和角色语言的关系。第四章，我们了解到汉语的体态语承担的传达角色形象的作用比较大，在第五章，我们关注了“背着手”“弄头发”“蹲”这几个动作，以及从这些动作到底能联想到什么样的人。

第六章，我们分别从两个方面探讨了书面的描写性体态语和角色之间的关系。第一是躯体和角色之间的关联。第二是动作和角色之间的关联。同时我们还探讨了汉语体态成语和外国人学习这种成语之间的若干问题。

第七章，我们谈到了名字和角色的关系。利用先行研究，总结了汉语人名存在着男女有别、时代有别、地方有别的现象。笔者以电视剧《金婚》为例，证明了几乎每个人物名字都联系到各自的性格和电视剧里面的角色。这也是中国文艺的一种表现。最后，笔者介绍了笔者所做的一项中日大学生命名行为调查。

第八章，我们从三个方面讨论了“角色语言”现象：第一是网名，第二是网络上的“话语角色”和角色转换的现象。第三是从网络里存在着的“角色现象”角度，来看汉语语言的若干问题。

第九章，我们讨论了作为角色语言来源的小学语文课本与“语言资源”。

笔者一直关注的是角色和语言的关系，也就是角色语言，是母语者的共同语言知识之一。我们就是利用这些语言资源来进行语言交流的。通过上述研究，我们不但揭开了汉语角色语言的实际情况，也揭开了中国国民在文化上、政治上、美学上、价值观念上的形象。角色语言既表达别人的角色，又表达自己的角色。每个人一般都无意识地选择自己的形象，调整自己的角色语言。

研究不足之处

（一）笔者基本上没有涉及文学里的角色语言。文学是角色语言产生的最大的基地之一。中国有很丰富的古典文学以及当代文学，里面蕴藏着丰富的“角色语言”，如能对其进行开拓，一定能发现丰富多彩的角色语言世界。

（二）本书没有针对性地研究汉语称谓词。因为这方面的研究已经很多，也很复杂。除了话语角色以外，没有讨论。

（三）没有利用欧文戈夫曼“印象管理”理论，来讨论角色语言。

（四）没有讨论“娃娃腔、大人腔、文艺腔”等其他的汉语传统角色语言。

希望本书能起到抛砖引玉的作用，能够引起中国学者们通过“运用日语研究概念”来分析汉语的兴趣，产生新的发现。

参考文献

奥田宽 . 中国人の非言語コミュニケーション（《中国人的非语言交际》）[M]. 东方书店，1997.

白琼烨、张浩 . 人名的社会语言学分析 [J].《理论界》，2006（S1）.

百度百科 . 炊事班的故事 .[OL].http：//baike.baidu.com/view/112617.htm?fr=ala0_1_1

百度百科 . 我的团长我的团 .[OL].http：//baike.baidu.com/view/1392632.htm?fr=ala0_1

百度百科 . 武林外传 .[OL].http：//baike.baidu.com/view/3767.htm?fr=ala0_1_1

蔡恩泽 . 打掉学生腔　融入村民中 [M]. 村委主任，2012（11）.

曹志赟 . 语气词运用的性别差异 [J]. 语文研究，1987（12）.

车向前 . 网络“淘宝体”中称呼语和语气词的人际意义探析 [J]. 陇东学院学报，2012（01）.

陈程 . 从会话合作原则看“官腔”[J] 广西教育学院学报，2010（2）.

陈建民 . 中国语言和中国社会 [M]. 广东教育出版社，1999.

陈俊、张积家、王嘉英 . 大学生网名命名动机的研究 [J]. 心理科学，2000.

陈克 . 中国语言民俗 [M]. 天津人民出版社，1993.

陈李军 . 国内网名研究综述 [J]. 文艺生活，2011a（2）.

陈李军 . 网名形式与地区发展状况关系微探 [J]. 科技信息，2011b（06）.

陈敏哲、白解红 . 汉语网络语言研究的回顾、问题与展望 . 湖南师范大学社会科学学报，2012（3）.

陈汝东 . 社会心理修辞学导论 [M]. 北京大学出版社，1998.

陈永国 . 文学作品中人名的文化内涵及翻译原则初探 [J]. 九江学院学报（哲学社会学版），2005（3）.

陈宇浩 . 小沈阳咋不像“小沈阳”嚎？ [N] 今日早报，2009–03–12.

勅使河原三保子．声質から見た声のステレオタイプ—役割語の音声的側面に関する一考察—[M].// 载金水敏主编《役割語研究の地平》. くろしお出版，2007.

崔勇、贺爱军 . 话语角色转换与戏剧人物形象 [J]. 宁波工程学院学报，2006.18（1）.

大坊郁夫、神山进 . 衣服和化妆社会学 [M]. 北大路书，1996.

邓进 . 红楼梦女性命名研究 [D]. 西南大学硕士论文，2009.

定延利之《日本語社会のぞきキャラクリ—顔つき・カラダつき・ことば . つき》[M] . 三省堂，2011.

定延利之 .《角色大世界——日本》[M] . 三省堂，2012.

定延利之 . キャラ助詞が現れる環境 [M].// 载金水敏主编《役割語研究の地平》. くろしお出版，2007.

定延利之・张丽娜 . 日本語・中国語における　キャラ語尾の観察 .[M]. 彭飛（編）《日中対照言語学研究論文集》中国語からみた日本語の特徴，日本語からみた中国語の特徴和泉書院 .2007.

董世福，刘永发 . 试论体态成语 [J]. 克山师专学报，1995.

董珍兰 . 汉语体态成语研究 [D]. 华中师范大学硕士论文，2006.

豆瓣网 . 官腔 [OL].http：//www.douban.com/group/topic/2587125/

樊晓丽 . 商标名和文化 [J]. 武汉冶金管理干部学院学报，2006.

范杨 . 我们班的娘娘腔（作文网）.[OL].http：//www.zww.cn/zuowen/html/181/445724.htm 2012.10.39.

冯艳艳 . 对外汉语教学中的成语教学初探 [D]. 上海外国语大学，2008.

高秀娟 . 网名的语言学分析及规范化问题 [J]. 商业文化学术探讨，2008（2）.

耿二岭 . 体态语概说 [M]. 北京语言学院出版社，1988.

郭伏良、吴继章 . 体态成语论衡 [J]. 天中学刊，1997（1）.

郭兴 . 网络语言中的语法杂乱现象探析 [M]. 传承，2009（7）.

韩黎.《武林外传》不用方言会更好——论影视中的方言运用[J].电影评介，2007（23）.

河崎深雪.名づけと名づけ行為の日中比較——日中大学生の調査から[Z].大連外国語大学中日韓文化研究国際研讨会，2008.

河崎深雪.浅谈中国年轻女性语言——以口头禅调查为主[J].日本語とジェンダー，2011（11）.

河崎深雪.“淘宝体”使用中的性别差异探析[J].中国城市语言调查学会，2011.

河崎深雪.语言和角色——语言态度调查（成年人）[OL].http：//www.sojump.com/jq/324410.aspx

河崎深雪.语言和角色——语言态度调查（大学生〈南京大学等〉）[OL].http：//www.sojump.com/jq/320686.aspx

河崎深雪.语言和角色——语言态度调查（华中大）[OL].（2010-6-17）.http：//www.sojump.com/jq/335870.aspx

何自然.模因论与社会语用[J].语言科学，2005（4）.

胡颖佳.论明代戏曲中的“男扮女装”现象——以《赠书记》为例[J].韶关学院学报（社会科学），2012（5）.

互动百科.娘娘腔[OL].http：//www.hudong.com/wiki/%E5%A8%98%E5%A8%98%E8%85%94?prd=citiao_right_xiangguancitiao?hf=youdaocitiao&pf=youdaocitiao

吉村和真.近代日本マンガの身体[M].// 载金水敏主编《役割語研究の地平》.くろしお出版，2007.

贾玉新.跨文化交际学[M].上海外语教育出版社，1997.

金水敏.男言葉の歴史[M].载中村桃子主编《ジェンダーで学ぶ言語学》.世界思想社，2010.

金水敏.ヴァーチャル日本語——役割語の謎[M].岩波書店，2003.

金水敏.近代日本マンガの言語[M].// 载金水敏主编《役割語研究の地平》.くろしお出版，2007.

金水敏. 役割語としてのピジン日本語の歴史素描 [M].// 载金水敏主编《役割語研究の地平》. くろしお出版，2007.

金水敏主编 .《役割語研究の地平》[M]. くろしお出版，2011.

景永恒 . 领袖人物为什么说方言 [J]. 语文建设，1992（7）.

匡文波 . 网络传播学概论 [M]. 北京高等教育出版社，2009.

郎遥远 . 官腔美学 [J]. 杂文选刊（中旬版），2011（02）.

老舍 . 学生腔 [M]. 创新作文（初中版），2005（03）.

雷红波 . 上海新移民的语言社会学调查［D]. 复旦大学博士论文，2008.

李丽 . 汉语体态成语刍议 [D]. 天津大学社会科学与外国语学院硕士论文，2008.

李桂奎 . 中国小说写人学 [M]. 新华出版社，2008.

李恒 . 方言电影中方言元素研究 [M]. 西北大学硕士论文，2009.

李慧文 . 汉语俗谚男性问题初探 [J]. 北京语言文化大学硕士论文，2000.

李庆祥 . 中日非语言交际研究 [M]. 外语教学与研究出版社，2008.

李箐 . 论女性话语风格 [D]. 华中师范大学硕士论文，2006.

李伟大 . 非语言方式研究综述 [J]. 湖北广播电视大学学报，2009，29（1）.

廖莹营、冯峥峥 . 大学生网名的生成方式及心理透析 [J]. 安徽文学，2008.

刘晨曦 . 21 世纪初大学生人名研究 [J]. 太原师范学院学报（ 社会科学版），2006（5）.

刘文荣等 . 身态语言 [M]. 百花文艺出版社，2002.

刘著 .Lady 呱呱 [OL].http：//www.tudou.com/programs/view/U8vlG4lmaV4

罗常培 . 语言与文化 [M]. 北京大学出版社，2009.

罗米良 . 试论汉语中的角色语气词“捏 / 涅 / 逆”“呵呵 / 哈哈 / 吼吼”“的说”[J]. 汉日语言对比研究论丛（第三辑），2012.

罗米良 . 现代日语副词描述框架研究 [D]. 国立神户大学 .2011.

满蕾 . 从电视剧《乡村爱情》看东北方言的称谓语特点 [J]. 语言研究，2009（3）.

闵虹 . 中国古典小说塑造人物的运作方法 [J]. 殷都学刊，2001.

倪学礼．电视剧剧作人物论 [M]. 中国广播电视出版社，2005.

年志远．教师角色语言浅论 [J]. 教育评论，1990（3）.

彭国跃．近代中国語の敬語システム—「陰陽」文化認知モデル [M] 株式会社白帝社，2002.

飘雪儿的 BLOG. 官腔 [OL].（2012-10-0422：36：18）http：//blog.sina.com.cn/s/blog_519137 c2010164pg.html

钱进．成语和俗语性别差异的文化透视 [J]. 语言与翻译（汉文），2003（2）.

任真．我国方言电视传播现象解析 [M]. 苏州大学，2009.

三宅和子．留学生・日本人大学生のアカデミック・ジャパニーズとは [M]. 载《日本留学試験とアカデミック・ジャパニーズ》，2003.

山海关．官话是一种“语言的工具”[J]. 杂文月刊（原创版），2008（06）.

山口知彦．役割語の個別性と普遍性一日栄の対照を通して [M].// 金水敏主编《役割語研究の地平》. くろしお出版，2007.

山口治彦．さまざまな役割語 [M].// 金水敏主编．役割語の展開．くろしお出版，2011.

申定羽．常用语气词在网络中的变体 [J]. 语文教学与研究（综合天地），2012（6）.

深圳卫视．《媳妇的美好宣言》宣传预告 [OL].http：//www.cutv.com/v2/2012-11-16/D16ghgghhjljgllogik4k.shtml

沈莉娜．近十年来对外汉语教学中的成语教学综述 [J]. 语文学刊（高教版），2007（7）.

实之．官话与官腔 [J] 前进论坛，2003（01）.

谭汝为．民俗文化语汇通论 [M]. 天津古籍出版社，2004.

谭珍宜．从年龄看网名 [J]. 现代语文（语言研究版），2009（02）.

唐亮．红楼梦角色语言研究 [D]. 四川师范大学硕士论文，2009.

唐莹、郑祥燕．酒店名称中的文化认同 [J]. 乐山师范学院报，2008.

王德春、陈晨．现代修辞学 [M]. 上海外语教育出版社，2001.

王德春、陈汝健、姚 远 . 社会心理语言学 . 上海外语教育出版社，1995.
王会 . 影视作品讲方言该不叫停 [N]. 农民日报，2009-07-25（6）.
王洁 . 网络语言之语法变异现象 [J]. 北京化工大学学报（社会科学版），2011（4）.
王均裕 . 角色语言规范性问题研究 [J]. 四川师范大学学报，1995（3）.
王守恩 . 命名习俗与近代社会 [J]. 山西大学学报（哲学社会科学版），1995（4）.
王用源、李爽、薛雨晴、王乐乐、吴雨伦、郎心雯 . 网络语言研究现状及存在问题浅析 [J]. 淮海工学院学报（人文社会科学版），2012（14）.
王志平 . 官话官腔和八股文章令人深恶痛绝 [J]. 瞭望，2007.
魏晓红 . 大学校园文化中的非言语交际形式剖析 [J]. 湖北经济学院学报（人文社会科学版），2011.（8）.
魏晓红 . 试论非言语传播中的体态语性别差异文化研究 [J]. 中国电力教育，2011（20）.
邬利霞 . 浅谈小沈阳的语言修辞艺术 [J]. 当代小说（下），2010（05）.
吴言明 ."学生腔"探源——谈学生作文与语文教学观念的更新 [M]. 基础教育研究，2001（2）.
晓明 . 身体语言的修辞作用 [J]. 辽宁师范大学学报（社科版），1995（5）.
熊之超 . 避免学生腔 [J]. 新闻前哨，2001（08）.
徐大明、陶红印、谢天蔚 . 当代社会语言学 [M]. 中国社会科学出版社，1997.
徐大明 . 社会语言学实验教程 [M]. 北京大学出版社，2010.
徐晶 . 从网名透视社会文化心理 [J]. 边疆经济文化，2005.
徐鲲 . 港台与大陆人名的差异——以明星为例 [J]. 阅读与写作， 2008（07）.
徐蔚 . 男旦：性别反串——中国戏曲特殊文化现象考论 [D]. 厦门大学，2007.
岩崎胜一 . 多重文法 [Z].UCLA2013.5.19.
杨 洁、吕改莲 . 社会性别刻板印象的直接映射对小学语文教材人物的性别分析 [J]. 陕西师范大学学报（哲学社会科学版），2002（04）.
杨绍碧 . 官话≠官腔 [J]. 决策探索，2010（6）.

杨实诚．论儿童文学语言 [M]. 中国文学研究，1999（17）.
杨小宁、王玲娟．建国以来姓名文化之变化探析 [J]. 重庆三峡学院学报，2012（2）.
杨晓黎．鉴貌辨色意在言外——从成语看汉民族的体态语 [J]. 载胡文仲主编《文化与交际》. 外语教学与研究出版社，1991.
杨新敏．影视剧中的方言 [J]. 中国电视，1999（2）.
洋洋的博客．娘娘腔是项技术活 [OL].http：//i.mtime.com/2991686/blog/5431576/
叶朗．中国美学史大纲 [M]. 上海人民出版社，2005.
衣畑智秀・楊昌洙．役割語としての「軍体語」の成立 [M].// 载金水敏主编《役割語研究の地平》. くろしお出版，2007.
依田恵美．〈西洋語〉「おお、ロミオ！」の文型—その確立と普及—[M].// 载金水敏主编《役割語研究の地平》. くろしお出版，2007.
佚名．小沈阳走红的背后 [J]. 江海纵横，2009（2）.
于根元．网络语言概说 [M]. 中国经济出版社，2001.
張麗娜、羅米良．中国語の「角色」研究と日本語のキャラクタ研究．神戸大学教授定延利之教授科研項目人物像に応じた音声文法．会合資料 [C]2010.
张明辉．解读伪娘 [J]. 唐山学院学报，2011（1）.
张书岩．从人名看 50 年的变迁 [J]. 语文建设，1999（4）.
张文一．中高级程度留学生汉语四字格成语习得与教学 [D]. 暨南大学 .2006.
张云辉．网络语言语法与语用研究 [M]. 上海学林出版社，2010（1）.
赵昆艳．论成语对体态语的借用 [J]. 云南师范大学学报（哲学社会科学版），2005（5）.
浙江在线．娘娘腔 style[OL].http：//zjdaily.zjol.com.cn/jrzb/html/2009-03/12/content_4584862.htm
郑荔．学龄前儿童“修辞特征”语言研究 [D]. 南京师范大学博士论文，2008.
鄭恵先．日韓対象役割語研究——その可能性を探る—[M].// 载金水敏主编《役割語研究の地平》. くろしお出版，2007.

中村桃子 . ことばとジェンダーのかかわり《ジェンダーで学ぶ言語学》[M]. 世界思想社，2010.

中村桃子 . 从性别角度研究的语言学 [M]. 世界思想社，2010.

中村桃子 .〈性〉と日本語 . ことばが作る女と男 [M]. 日本放送出版協会，2007.

朱定峰 . 方言——塑造电影人物形象的有效工具 [J]. 电影文学，2007.

朱铁志 . 官话原则 [J].《文化月刊》，2003（06）.

竹内一郎 . 人は見た目が 9 割 [M]. 株式会社新潮社，2005.

Marjorie F.Vagas LUDER.THAN WORD——An Introduction to Nonverbal Communicaiton——「非言語コミュニケーション」[M] 石丸正，译 . 株式会社新潮社，1987.

Miyuki Kasawaki（河崎深雪）. Chinese "Language Resources" UnderUrbanization: A Study of Chinese Primary SchoolTextbooks[C].the 10th Urban Language Seminar: 2012.

Thomas Martin Gaubatz. 小説における米語方言の日本語訳について [M].// 载金水敏主编《役割語研究の地平》. くろしお出版，2007.

后　记

2008年早春，日本社会语言学家县立广岛大学教授友定贤治老师借给我一本书，书名叫《ヴァーチャル日本語 役割語の謎》（《日语角色语言研究》）（金水敏，岩波書店，2003年）。阅读完这本书之后，笔者产生了一个思考，“这种语言现象在汉语里是否也存在？”如果存在，是以何种状态而存在的呢？如果进行研究，我们能够从中发现什么，能否给汉语研究以新的思路？能否应用到汉语和日语的教学方面？

我在中国华中科技大学从事日语教学长达八年，后来开始攻读该校中文系博士学位，时间也长达五六年。我怀着上述思考，一直仔细地观察着出现在电视剧、网络、现实生活中的汉语语言现象。期间，我受到日本国立神户大学教授定延老师以及提倡“角色语言”理论的国立大阪大学大学院教授金水敏老师的支持和启发。美国加利福尼亚大学（The University of California，Los Angeles）的岩崎胜一教授也赠给我他前不久刚刚写完的“多重语法理论”的论文，这对我的研究及论文写作提供了思考纬度。此外，华中科技大学中文系教授程邦雄老师、董为光老师，南京大学教授徐大明老师也对我的论文写作给予了悉心指导和帮助，对我的论文思考、论文结构，均提出了宝贵的意见。本人对此深表感谢。

《汉语“角色语言”研究》这个研究题目很大，通过查阅诸多前人的研究成果，我发现几乎没有前人研究。本人深知，没有中日双方老师们的支持和鼓励，我无法完成这个论文题目。可以说，这篇论文凝结了中日双方老师们对我的关怀和鼓励。本人得到的收获也不少。通过研究汉语“角色语言”，我进一步了解了汉语以及说汉语的中国人的思想。

此外，我也感谢我的学生们和中国朋友们。他们帮我填写问卷调查，接受我的访谈，通过跟他们的交流，我收获了不少宝贵的信息。

我想，该研究对我而言，一个作为日语教师的我，一个作为汉语学习研究的我，有两种意义。第一，为了促进中日社会语言学的思想交流，我介绍了日本这一新的学术研究成果——“角色语言”理论。第二，这份研究对笔者而言，也是一个将其作为学习汉语帮手的目标而摸索的过程体现。

笔者发现，中国知识分子角色喜欢用华丽的辞藻、成语和典故等丰富的汉语语言资源。

在本文的最后，笔者欲以一个知识分子的角色来书写我的心得和思考。

路漫漫其修远兮，吾将上下而求索　屈原《离骚》

学然后知不足　《礼记·学记》

河崎深雪